会社を
絶対潰さない
組織の
強化書

株式会社武蔵野 代表取締役社長
小山昇

KADOKAWA

オープニング・クエスチョン！

次の質問に○か×でお答えください。

- □新卒採用では、できるかぎり優秀な人材を採用すべきだ。
- □組織は、なるべく同じメンバーで維持することで熟成され、強くなる。
- □社長が自ら営業するのは、悪い会社の典型だ。
- □強い組織づくりのためには、やる気のない社員は不要だ。
- □教育は、すべての社員に同じ内容で一律に行うべきだ。
- □会社がピンチのときは、人事異動を積極的に行うべきではない。
- □会社の借金は、なるべくないほうがよい。

□会社の目標は、なるべく現実的なものでなければならない。

□他社の真似ではなく、常に独自性のあるものを考えなければならない。

□現場を混乱させないために、人事異動はなるべく少なくする。

□部署のナンバーワン社員は人事異動させないことで強い組織ができる。

□仕事ができない部下と「できる上司」を組ませると、部下の力が上がる。

答えはすべて「×」です。

強い組織をつくり、何があっても潰れない組織にするには、売上をさらに上げるためには、ここに書かれていることはすべて間違っていることなのです。

強い組織をつくることは決して難しくありません。そのノウハウを本書で紹介します。

はじめに

「揃《そろ》える」ことで「何があっても潰れない組織」ができる

武蔵野が弱かったのは、強い「柱」がなかったから

私が代表取締役を務める「株式会社武蔵野」（本社：東京都小金井市）は、ダスキン事業を基盤とし、企業向けに経営サポート事業を行っています。創業者である藤本寅雄が、ダスキンの東京第一号加盟店として１９６４年に設立した会社（創業時の社名は、日本サービスマーチャンダイザー株式会社、屋号ダスキンムサシノ）です。

私が武蔵野の社長に就任したのは、１９８９年（平成元年）です。

当時は、赤字続き。「新規事業に失敗して個人の口座残高が33円になった」ことも、「あ

る日突然、管理職の半分が辞めていった」ことも、「幹部が不正を働いた」こともあります。ダスキンの会社なのに、会社は驚くほど汚い。幹部社員の半数以上は元暴走族で、頭に剃り込みの入った社員が玄関脇でたむろしている。社員の多くは、腐った魚のような目をしている。正真正銘の落ちこぼれ集団でした。

当時の武蔵野が、いつ倒産してもおかしくないほど脆弱《ぜいじゃく》だったのは、「社員の気質に問題があったから」ではなく、

「会社を支える屋台骨（組織の中心となるもの）が脆《もろ》かったから」

です。経営の土台がない。柱は細く、弱く、腐りかけている。経営の軸がなくブレている。だから、いつ倒れてもおかしくない。

それが、かつての武蔵野でした。

しかし、現在は違います。武蔵野は盤石《ばんじゃく》です。何があっても、動じない。揺るがない。リーマン・ショック（2008年）や東日本大震災（2011年）、新型コロナウイルス感染症の蔓延（2020年〜）など、いくつもの危機に見舞われながら、2007年以降、経常利益で赤字になったことは一度もありません。予期せぬピンチに直面しても、人員削

減に踏み切ることなく、雇用を守り続けています。

2020年（2019年度）、コロナ禍で一時的に前年割れしたものの、2022年8月には、コロナ収束前にもかかわらず、

「売上……過去最高を4900万円更新」
「粗利益……過去最高を5000万円更新」

するまでにV字回復を果たしています。

なぜわが社は、**利益を出し続ける会社に変わることができた**のでしょうか。
なぜ、「弱い組織」から**「強い組織」に変わることができた**のでしょうか。

それは、大きな**「柱」**を建てたからです。
経営の柱を建て、全社員が一丸となって、磨き上げてきたからです。
その結果、武蔵野は、

「時代の変化、お客様のニーズの変化にすばやく対応できる組織」
「社員のモチベーションが高く維持されている組織」

として成長を続けています。

社長と社員の価値観が揃うと、組織は強くなる

武蔵野の大きな柱は、次の「3つ」です。

【武蔵野の3本柱】

①お客様第一主義
②環境整備
③経営計画書

①の「お客様第一主義」とは、
「お客様にとって、わが社がなくてはならない存在になること」

「『一番にわが社を思い出していただく』ための努力をすること」

です。そして、お客様第一主義を実現するための具体的な施策が、**②の「環境整備」**と

③の「経営計画書」です。

②環境整備……企業文化をつくるための活動。「整理、整頓、清潔、礼儀、規律」の5項目を徹底することで、「仕事をやりやすくする環境を整えて備える」。人材教育と組織改善の基本となる（第5章で詳述）。

③経営計画書……組織的価値観を共通化する道具。会社の数字、方針、スケジュールを1冊にまとめた手帳型のルールブック。社員が「どう行動すればいいのか」に迷ったら、経営計画書の方針が道標となる（第1章で詳述）。

環境整備も、経営計画書も、その目的は、**「揃える」**ことです。もの、行動、価値観を**「同じ方向に」合わせる**ことです。

環境整備は、**価値観を揃えるための「組織力強化」の道具**です。

「決まった時間に、全員で掃除」をし、不要なものを捨て、必要なものは定位置管理（決まった場所に、向きを揃えて保管すること）をする。ものや行動が揃うと、社長と社員、幹部と一般社員、社員同士の価値観（考え方）が次第に揃いはじめます。

「社長と社員の価値観を揃える」とは、「社長の言いなりになる社員をつくる」ことでも、「社長の独断で経営をする」ことでもありません。

「社長と同じように考え、同じようなやり方で行動できる社員をつくる」ことです。価値観が揃っていると、社長と社員が同じ優先順位で行動できるため、非常事態（新型コロナウイルス感染症の蔓延など）や急な変化にも対応できます。


経営計画書は、**仕事のやり方を揃えるための道具**です。

経営計画書には、社員が守るべき「会社のルール」と、目指すべき「数字」が明記されています。「何をやるのか」「いつまでにやるのか」「どうやるのか」「誰がやるのか」が明確になっているため、社員の足並みが揃います。


環境整備と経営計画書によって、考え方とやり方が揃うと、

「やりたいことをやりたいようにやる組織」から、

「社長の決定をすみやかに実行する組織」

「決められたことを、決められたとおりにやる組織」

に変わります。


非常事態に見舞われ平常運転ができなくなると、人材配置（人事異動）の変更や、ビジネスモデルの見直しなど、事業構造の変革が求められます。

武蔵野が、新型コロナウイルス感染症の蔓延による緊急事態宣言の発令中にもかかわらず、新規事業部の立ち上げと、会社はじまって以来の大規模な人事異動（280名中、200名が異動）に踏み切ることができたのは、

「社長と社員の価値観が揃っていたから」

「社長と社員が、同じ判断基準で動くことができたから」

「社員が、社長の示すビジョンを『わがもの』として理解できたから」


にほかならない。わが社は、組織としての**堅牢さや頑丈さ**のほかに、時代や事態にすぐに対応して変化する**「しなやかさ」**と、最小限の努力で大きな結果をもたらす**「したたかさ」**がある。だからこそ、ピンチのときでさえ、会社を飛躍させることができる。

どれほど優秀なしくみも、価値観が揃っていなければ機能しない

社員の自主性を重んじようとする企業が多い中、私は、**「人に頼るより、『しくみ』をつくるほうが大事である」**と考えています。

離職率を下げるにはどうしたらいいか。
新卒社員を育てるにはどうしたらいいか。
社内のコミュニケーションを円滑にするにはどうしたらいいか。
情報共有を実現するにはどうしたらいいか。
デジタル化を進めるにはどうしたらいいか。

こうした経営の課題を解消するには、しくみをつくって、そのしくみに人材を貼り付ければいい。しくみをつくることで、特定の社員の資質に依存しない経営が実現し、組織が

強くなります。

しかし、どれほど優秀なしくみをつくっても、社長と社員の価値観が揃っていなければ、そのしくみはうまく機能しません。中小企業経営者が最初にすべきことは、**「会社の土台を固めること」「経営の柱を太く大きく育てること」**です。

では、どうすれば、土台を固めることができるのでしょうか。経営の柱を育てることができるのでしょうか。

どうすれば、環境整備や経営計画書を定着させることができるのでしょうか。どのように社員を教育すれば、会社のルールが実行されるのでしょうか。

その答えのひとつが、本書です。**「何があっても潰れない組織」「どんな状況にも対応できる組織」をつくる**ための武蔵野の取り組みについて紹介します。

本書が中小企業の助力となれば、著者としてこれほど嬉しいことはありません。

株式会社武蔵野　代表取締役社長　小山昇

会社を絶対潰さない 組織の強化書 ―目次―

第2章 業績を伸ばし続ける強い社員の育て方

第3章 非常時でも動じない強い組織のつくり方

第4章
適切な人員配置のために欠かせない人材分析

第5章 組織が目に見えて変わるマル秘プログラム

本文デザイン・DTP／斎藤 充（クロロス）
編集協力／藤吉 豊（株式会社文道）

第1章
組織力の強さを決める社長の基本

経営とは、環境適応業。世の中の変化にすばやく対応する

環境に適応できない会社は、衰退・倒産の憂《う》き目を見る

経営環境の先行きが、ますます見えにくく、読みにくくなっています。

リーマン・ショック、東日本大震災、新型コロナウイルス感染症の蔓延など、予期せぬ事態に見舞われることもあります。

社会情勢も、人々の意識も、趣味や嗜好も、法律も、人口も、目まぐるしく変化していて、今日の正解が明日は不正解に、今日の常識が明日は非常識に変わることもある。

変化は、わが社の都合を待ってはくれません。変化は、わが社の都合を置いていきます。

だからこそ経営者は、変化の波に合わせて組織をつくり変えていかなければなりません。

経営とは、**「環境適応業」**です。環境に適応できない会社は、衰退、倒産の憂き目を見ることになりかねません。

昨日までの正解が「今日は通用しなかった」のであれば、昨日までの正解を捨てる。方針とやり方をあらためて、新しい正解をつくり出す。

2014年までのわが社は、

「5年以上勤めた社員が『辞める』と言ってきたら、引き止めない」

のがルールでした。

ところが現在は、正反対です。

「5年以上勤めた社員が『辞める』と言ってきたら、全力で引き止める」

がルールです。

ルールを180度変えた理由は、2015年を境にして、生まれてくる人と亡くなる人の人数の逆転によって、時代が180度変わったからです。

人事採用に関する話でいえば、2014年までは、「社員が辞めても、すぐに代わりの人材を補充できる時代」でした。ところが2015年以降は、**「社員が辞めると、代わりの人材が見つからない時代」**へと採用環境が変化しました。だから武蔵野も、時代の変化に合わせてルールをつくり変えました。

有給休暇消化率は「2%」から「69%」へ

一般的に日本の企業は、「有給休暇が取りにくい」といわれています。

アメリカの大手旅行サイト「エクスペディア」が毎年実施している「世界各国の有給休暇日数を比べたアンケート調査」(2018年)によると、日本の有給休暇消化率は「50%」とワースト1位(ワースト2位のオーストラリアが70%)。「有休取得に罪悪感を抱く人」の割合も日本が第1位です(58%)。

2014年前後の社会の変化と武蔵野のルール改定

2014年前後の社会の変化

- 増税による経済構造の変化
- 公共事業を中心に雇用の増加(人手不足、売り手市場)
- 人口の減少
- 2015年に、生まれてくる人と亡くなる人の人数が逆転
- 若者のトレンドの変化(ストレス耐性の弱さ、会社に求める条件の変化、チーム意識の変化)

↓

2014年まで ─ 変化 → **2015年以降**

社員が辞めても
すぐに代わりの人材を
「補充できる時代」

社員が辞めると
代わりの人材が
「見つからない時代」

だから5年以上勤めた社員が「辞める」と言ってきたら……

＝

社内ルール ─ 改定! → **社内ルール**

引き止めない

全力で引き止める

Point

経営は「環境適応業」。
昨日の正解が今日も正解とはかぎらない。
時代に合わせてルールをつくり変えていく
必要がある。

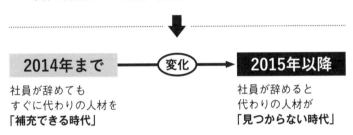

かつて、中小企業の社長の中には、社員に対して、「出勤することが会社への貢献」「休日出勤も厭《いと》わないのが会社への忠誠」と教え、「休まず働く姿勢」を評価する風潮がありました。かつての武蔵野もその例に漏れることなく、有給休暇消化率は、わずか2％程度でした。

ですが現在、**わが社の有給休暇消化率は「69％」**です。

武蔵野では、有給休暇を消化しない社員には、その日数によって始末書・反省文・努力文を提出させています。

始末書は2枚で賞与半額、反省文は2枚で始末書に昇格、努力文は4枚で反省文に昇格します。ただし、始末書・反省文・努力文は、その期が終われば時効です。

【有給休暇に関するルール】※第59期経営計画書から一部抜粋

- 長期有給休暇を2グループから導入し、有給休暇取得率85％にする。
- 有給申請は必ず本人が有給残を確認し、「キングオブタイム」（勤怠管理システム）で申請する。
- 事後申請は2営業日までに行う。

・長期有給休暇は課長以上が9日間、2グループは5日間とする。

長時間労働の抑制に向けて労働基準法が改正され、経営者は、年10日以上の有給休暇が与えられる労働者に対し、「年5日間以上」、有給休暇を取得させる義務があります(2019年4月実施)。

この法改正にともない、武蔵野では、経営計画書に「有給消化日」(会社指定の休日)を記載しています。有給消化日は、全社員が一斉に有給を取るのが決まりです。

有給消化日は年間11日間だけで、残りの有給休暇は、社員が好きなときに取得できるようにしています。

第59期の有給消化率の目標は、「85%」です(第58期の実績は69%)。

新卒社員の場合、基本的には入社半年後から有給休暇の取得権利が発生します。そこで入社半年までは、「特別休暇」という名目で、実質的な有給休暇を与えています。

厚生労働省の「令和3年就労条件総合調査の概況」によると、労働者ひとりの有給休暇取得率は「56・6%」です。それと比較すると武蔵野は、一般的な企業よりも「有給休暇が取りやすい会社」だといえます。

「人材不足」に起因する倒産が年々増加傾向にあります。良い製品やサービス、営業力があったとしても、**「人材」が揃っていなければ生き残れない時代**です。

有給消化日を設けたのも、労働環境の不備による離職（人手不足）を防ぐためです。

わが社の有給休暇消化率が改善されたのは、**時代の変化を踏まえて、ルールをあらためた結果**です。

中小企業は変化を起こせないが、時代の変化についていくことはできる

経営方針は、時代に合わせて変えていくのが正しい

武蔵野の経営計画書の「経営方針」に明記している「従業員重視」の項目ひとつを取っても、第52期と第59期では、大きく違います。

第59期の経営計画書には、第52期にはなかった「働き方改革、有給消化率、女性管理職、ダブルワーク、健康増進などに関するルール」が追記されています。28〜29ページに第52期と第59期の「従業員重視」の項目を掲載しましたので、見比べてみてください。

【第52期／従業員重視】（2015年度）

(1) 喜びの感情や簡単な情報共有はボイスメールとサンクスカードで行う。

(2) 月１回の面談時、残業時間を把握する。残業時間は45時間を目指す。

(3) 従業員アンケートにより、満足度・不満足度を把握する。

(4) 長期有給休暇、永年勤続表彰、安全運転手当、各種表彰、褒賞制度を充実する。

(5) 共同勉強会などは各事業部が順次参加し、ひとつだけ選んで水平展開する。

(6) さらなる情報共有のために役員、本部長、部長に加え、チームリーダーも社長出社時に１対１でのお迎え報告・連絡・相談を行う。

(7) ７月にエナジャイザーでパワハラ・セクハラの傾向を把握して、上司に未然防止の指導をする。単純な部下指導から部下の特性を活かす指導を行う。

(8) EGセミナーを活用し、部下の行動特性・思考特性を理解し活かす指導を行う。

※★のあるアミカケ部分＝第59期におもに追記された部分

【第59期／従業員重視】（2022年度）

(1) 働き方改革を推進する。（★）
①給料テーブルを若手有利に変更する。
②手当・賞与は、上位グループを有利に変更する。
③全従業員の月平均残業時間を10時間にする。
④60歳以上で、エナジャイザー単純50以下は最低賃金に変更する。
⑤介護休暇（無給）を与える。
(2) コロナ終息後、ラスベガス研修に毎月派遣する。
(3) 長期有給休暇を２グループから導入し、有給休暇取得率85%に留める。（★）
(4) 女性の管理職を増加する。時短社員を増やす。（★）
(5) 社内教育を充実させ、人材育成をスピードアップする。その源泉である社員のスキル・ノウハウを常に高度化し、変革者集団として進化させ続ける。
(6) 関連会社のダブルワークを週１日認める。（★）
(7) データポータルでコミュニケーションの数値化を行う。
(8) 喜びの感情や簡単な情報共有はボイスメールとサンクスカードで行う。
(9) EGを活用し、部下の行動特性・思考特性を活かす指導を行う。
(10) ５月にエナジャイザーでパワハラ・セクハラの傾向を把握して、上司に未然防止の指導をする。
(11) KENCO・SUPPORT・PROGRAM、就業不能保険、ガン予防まも〜る等、健康優良法人制度への取り組みを通じて、従業員の健康増進に取り組む。（★）

武蔵野には、時代を変える力も、トレンドを生み出す力もありません。けれど、変化についていくことはできます。

世の中の変化にすばやく対応し、ルールとアクションを変え、「結果が出ること」のみを実行する。

これが武蔵野の強さの基本です。

正しいルールをつくるのではなく、「ルールがある」ことが正しい

黒字の社長にとって、「朝令暮改《ちょうれいぼかい》」はほめ言葉

ＭＬＢ機構（アメリカの大リーグ機構）と選手会は、２０２２年から「大谷ルール」と呼ばれる新ルールを導入しています。二刀流の選手に、先発投手兼ＤＨ（指名打者）での出場を認めるルールです。

このルールにより、先発投手が打順に入る場合は、マウンドを降りても、バッティング専門のＤＨとして出場し続けることが可能になりました。

このルールが適用されるのは、現時点ではロサンゼルス・エンゼルスの大谷翔平選手だけと見られているため、「大谷ルール」と呼ばれています。

大谷選手が投げても投げなくても、ファンは試合終了まで大谷選手を応援できるため、「ファン目線（お客様目線）のルール改正」です。

経営も同じで、**お客様目線でルールを改定していくのが正しい。**

赤字の社長の多くは、
「一度つくった方針・ルール・計画は変えてはいけない」
「同じルール、同じやり方、同じ方針を続けるのが正しい」
と思っています。

ですが、**方針・ルール・計画は、お客様の要求や時代に合わせて、変えなければいけない。**自社をとりまく情勢・状況は、刻々と変化しているからです。
「期待していた事業が伸びなかった」「ライバルが参入してきた」「新規事業が軌道に乗らなかった」などの理由で経営環境が変わったのなら、すぐに見直して、対策を講じなければなりません。

「朝令暮改」（朝に出した命令を夕方にはあらためる）の言葉には、「方針が定まらないから信用できない」「意見がコロコロ変わるから現場が振り回される」といったネガティブなニュアンスが含まれています。

ですが、「頑《かたく》なにルールを守るのではなく、時代の変化やニーズに合わせて柔軟に変えていく」という解釈において、「朝令暮改」はポジティブな言葉です。なぜなら、朝令暮改ができるのは、

「社長が経営環境の変化に敏感である証拠」
「時代の変化に合わせて、すぐに会社を変えることができる証拠」
「前言撤回してでも、会社を改善しようとする意欲のあらわれ」

だからです。

ルールは「正しく」決定するのではなく、「早く」決定する

「熟考の末、『正しいルール』をつくってから運用する社長」と、「間違っているかもしれないけれど、すぐにルールをつくって運用する社長」では、どちらの社長が時代の変化に対応できると思いますか？

答えは後者です。

「正しいルール」をつくろうとすると、時間がかかります。しかも、時間をかけたからといって、ルールの精度が上がるともかぎりません。ルールの正しさは、悩んだ時間の長さとは無関係です。

「ああでもない、こうでもない」「どっちが正しくて、どっちが間違いか」とグズグズ考えていると、経営のスピードが失われます。経営のスピードが失われると、マーケット（お客様とライバル）の変化についていくことができません。

そもそも経験もノウハウもない場合、どれほど頭で考えても正解には近づけない。だとすれば、成果の出ている会社のルールを真似して早くルールを決め、とりあえず実行する。

ルールは**「正しく決定する」ものではなく、「早く決定する」**ものです。

見切り発車で実行し、お客様に受け入れられたら続行。受け入れられなかったら、絶対評価で作成したルールをただちに相対評価で修正し、つくり直す。

「すぐにルールをつくる↓実行する↓間違いに気づいたら修正する」

「すぐに計画を立てる↓実行する↓実績と計画の差を比べる↓実績が少なければ、差を埋

めるための対策を考える↓もう一度、実行する」

これが、時代の変化に対応したルールのつくり方です。

デジタル化を進めるときは「安さ」よりも「早さ」を優先

武蔵野は、「バックヤードのデジタル化」に取り組んでいます。ＩＴツールやソフトウェアを導入したり、基幹システムを構築するときも、ルールづくりと同じで、

「早くスタートする」

のが基本です。

「正確さ」よりも「早さ」

「安さ」よりも「早さ」

を重視します。

新規開発のシステムは、早く動かし、使いながら修正を加える。最初から完璧なシステムをつくろうとすると、開発に時間がかかり、利用開始が遅れます。それによりチャンス

を逃すことにもなりかねません。

デジタル化の推進に際し、多くの会社は、「安い価格でシステムをつくろう」とします。ですが私は、「安さ」よりも、「早さ」優先です。

基幹システムを刷新するにあたって、業者Aと業者Bに見積もりを依頼しました。

- 業者A…コストは業者Bよりもかからないが、導入までの時間が業者Bよりかかる
- 業者B…導入までの時間は業者Aよりも短いが、業者Aよりもコストがかかる

私が選んだのは、業者B。迷わず即決です。

私は、正しさや安さよりも「早さ（速さ）」を大切にしています。完璧でなくてもいいからスタートする。そして途中で間違いに気がついたら、そのときに修正する。

経営にとって大切なのは、時代の変化に置いていかれないように、

「早くスタートする」

「見切り発車をする」

ことです。

ルールもデジタル化も「早さ」が大事

①正しいルールをつくろうとすると……

➡時間がかかる。
できたものが精度が高いとはかぎらない。

⬇

経営のスピードが失われる。
マーケットの変化についていけない。 NG!

☞だから……

早くルールを決めてとりあえず実行。
お客様に受け入れられた➡続行
受け入れられなかった➡すぐに修正 Good!

---

②デジタル化を進める際には……

➡最初から完璧なシステムを目指すと時間がかかる。

⬇

利用開始が遅れる。
チャンスを逃すこともある。 NG!

☞だから……

早さが優先。
完璧でなくていいからスタートする。
「安くても遅い」より「高くても早い」を選ぶ。 Good!

Point

経営で大切なのは、時代の変化に置いていかれないように「早くスタートする」こと。

現場の声を取り入れるには、情報展開のプロセスを明確にする

「現場の声」が社長に届くしくみをつくる

組織を時代の変化に対応させるには、次の「2つ」のしくみが必要です。

①「現場の声が社長に集まるしくみ」
②「現場社員に実行計画をつくらせるしくみ」（42ページ）

①「現場の声が社長に集まるしくみ」

多くの社長は、「情報や報告は、社員が上げてくるまで待っているもの」「情報は自動的

に上がってくるもの」だと考えています。かつての私もそうでした。

私が社長に就任した当初、社員に対してことあるごとに、「何かあったら、いつでも報告、相談すること」と声をかけていました。

しかし、誰ひとり報告してきませんでした（笑）。「都合の悪い報告」「自分に不利益をもたらす報告」は誰もしたがらないからです。


情報は、待っていても届かない。だとしたら、

「社長が自ら取りに行く」

「現場の声が社長に届くしくみをつくる」

しかない。

そこでわが社は、経営計画書に「情報展開のプロセス」を提示しています。

情報展開のプロセスは、「どのような会議を実施するか」「どの会議に、誰が出席するか」「どのような流れで社長に情報を届けるのか」「会議ではどのような報告をするのか」といった**「報告、連絡」の決めごと**です。

武蔵野は、「朝のお迎え」「日報」「進捗会議」「部門長会議」など、現場の生の情報が、下から上に吸い上げられるしくみができています。

◉朝のお迎え

幹部社員は、毎朝7時に駅でタクシーを拾い、私を自宅まで迎えにくる決まりです（当番制）。

自宅から会社までの所要時間は、30分～40分。この時間に幹部社員は、**「①部下の情報　②お客様の情報　③ライバルの情報」の3つを、数字（Googleルッカースタジオ併用）と固有名詞を入れて報告**します。ひとつの報告（1案件）の目安は、「60秒～90秒以内」。ということは、幹部社員は、最低でも「30個」は報告する内容を用意しなければなりません。

◉日報

日報（A4・1枚）に記載する内容は、フォーマット化されています。経営計画書の「情報マネジメントに関する方針」にしたがって、**「①数字　②お客様の声　③ライバル情報**

④本部・ビジネスパートナー情報　⑤自分・スタッフの考え」の5つについて、簡潔に報告します。

日報を読むと、その社員が「どの観点で物事をとらえているのか」「どこに問題意識を持っているのか」が丸見えになるので、人材発掘の参考にもなります。

◉進捗会議

事業部ごとの進捗状況を確認する会議（基本1時間）です。各部門長は、部下から集めた**「数字、お客様の声、ライバル情報」をもとに「どのような方針と対策を取るか」を報告**します。その報告に対し、私が指示を出す場です。

◉部門長会議

各部門の月次実績数値を確認する会議（全体は1時間以内）です。経理から全社数字の報告があり、その後、各部門・チーム責任者が数字の報告をします。ほかの会議がおもに定性情報（数値化できない情報）を報告する場だとすれば、部門長会議は、**定量情報（数値化できる情報）を報告**する場です。

武蔵野が強いのは、パートもアルバイトも経営参画しているから

超トップダウンの会社から超ボトムアップの組織へ

続けて、組織を時代の変化に対応させるためのもうひとつのしくみを紹介します。

②「現場社員に実行計画をつくらせるしくみ」

武蔵野は、2003年まで

「小山昇の超・超・超トップダウンの会社」

「小山昇の指令には絶対服従の軍隊のような会社」

「小山昇の命令どおりに社員が動くロボットのような会社」

でした。今と違ってその頃は、社員教育が不十分で、社員の「考える力」が育っていませんでした。そのため、「小山昇がすべての方針や目標数値を定め、社員がそれに従う」という図式でした。

ですが、現在は違います。

改善提案の98%が下から上がってくる「超ボトムアップの組織」です。

会社の骨子や方針のたたき台をつくっているのは、私ではなく、「現場」(=社員)です。武蔵野のしくみを変化させているのは、現場社員の声です。

社内でもっともお客様の顔が見えているのは、現場社員です。だとすれば、現場社員の声を経営に反映させたほうが理にかなっています。

経営計画書は、毎年3月に、部長以上が参加して「経営計画書作成アセスメント」を行って、次期の方針を作成しています。

「経営計画書」の内容を、

①「リーダーシップ」
②「個人・組織能力」
③「戦略・プロセス」
④「お客様満足」
⑤「結果」

の「5つ」の要素に分けて、「強み」（成果が上がった方針）と「弱み」（成果が上がらなかった方針）のレベル評価を行います。「この方針は時代に合わないのでなくす」「この方針をあらたにつくる」といった削除、修正、追加の素案も部長以上の参加者が策定します。

そして、幹部から上がった素案を私がチェックし、最終的には「社長の責任」において、経営計画書の内容を確定させています（例年、方針全体の20％程度が改定されます）。

人事異動の素案も、幹部社員に考えさせています。

もちろん、私の頭の中にも人事異動の案はあります。私は各部門の数字と、各社員の思考特性と行動特性をデータで詳細に把握しているため、「誰を、どこの部署に異動させたほうがいいか」「どの部署に、どのような特性を持つ社員を配置すべきか」「あの部署に今、必要な人材は誰か」を客観的に判断できます。ですから、私が決めたほうが早い。

それでも幹部社員に素案をつくらせているのは、**「意思決定の訓練」を積ませる**ためです。

幹部社員が素案を持ってきたとき、「この案は違う」と思っても、「こうしたほうがいい」と、直接的に答えを教えることはありません。「本当にこの案でいいと思うか？　もう少し考えてみたらどうか」と再考をうながします。

すぐに答えを教えると、幹部社員は思考を止めて、「自分で考えず、答えを聞きにくる」ようになります。ボトムアップの組織をつくるには、**幹部社員に「自分の頭で考える機会」を与える**ことが大切です。

パートやアルバイトにも計画をつくらせる

わが社は、社長や幹部だけでなく、パートやアルバイトも、経営に参画しています。「参加」ではなく、「参画」です。

【「参加」と「参画」の違い】

- **参加**……単に集まりに加わること。自分の意見は持たずに決められたルールを守るだけ。
- **参画**……事業や計画に積極的に関わること。自分の意見を経営に反映させる。ルールを守ると同時に、ルールを自らつくる。

武蔵野は、各事業部の個別方針を「現場」が策定しています。

半年に1度、全社員とパート、アルバイトが「実行計画書アセスメント」を行い、自分たちの手で実行計画を作成します。オンラインで参画する人もいます。

自分たちの意見が会社の政策になるのであれば、「数字」や「方針」への責任を自覚します。

実行計画書アセスメントは、経営計画書の方針を具体的な施策として落とし込むためのしくみです。事業部ごとに半年間を振り返り、実行してきた施策の中で「成果が出たもの」と「出なかったもの」について検証を行います。

- **成果が出たもの**……継続
- **成果が出なかったもの**……あらたな施策に変更

Photo Up 実行計画書

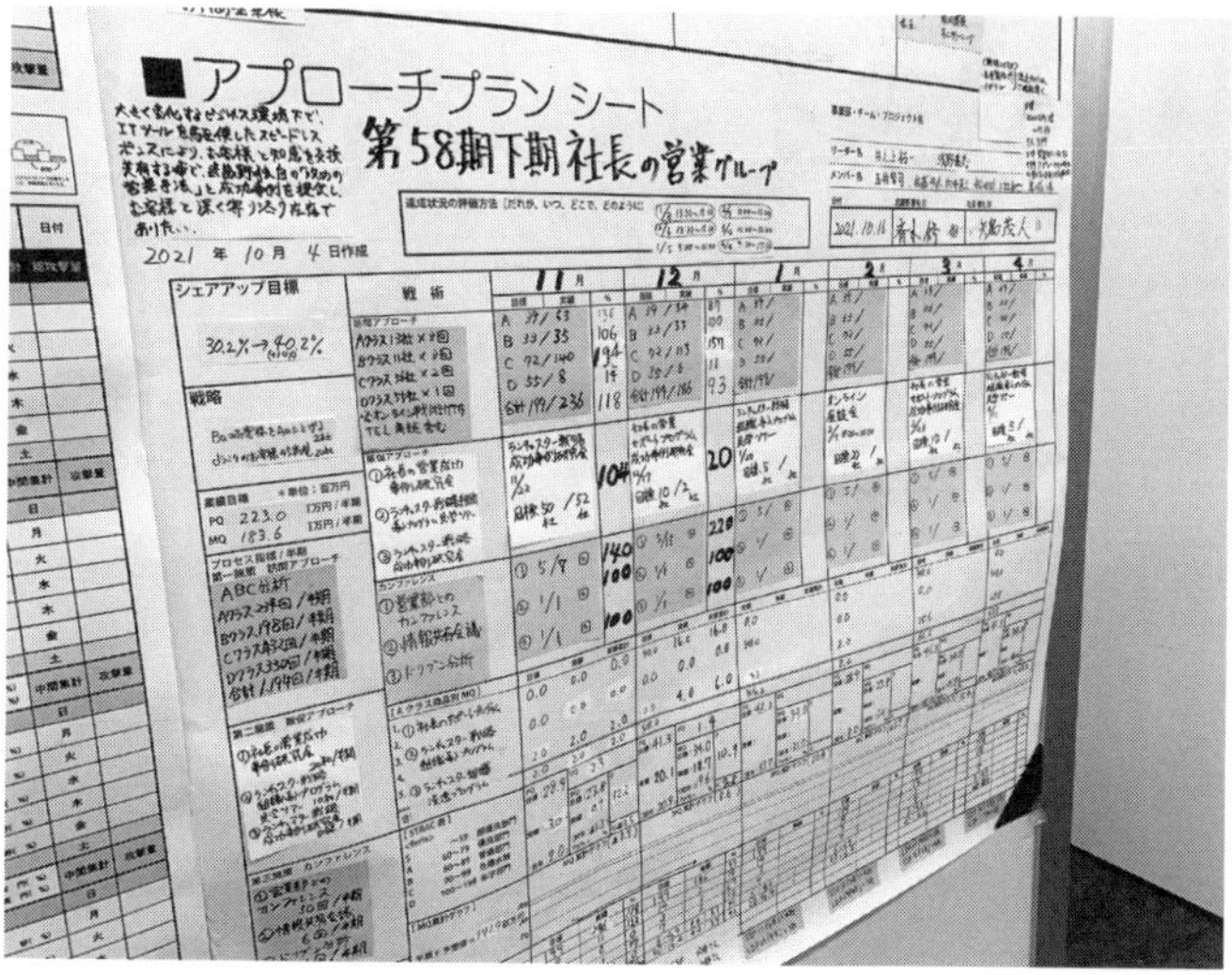

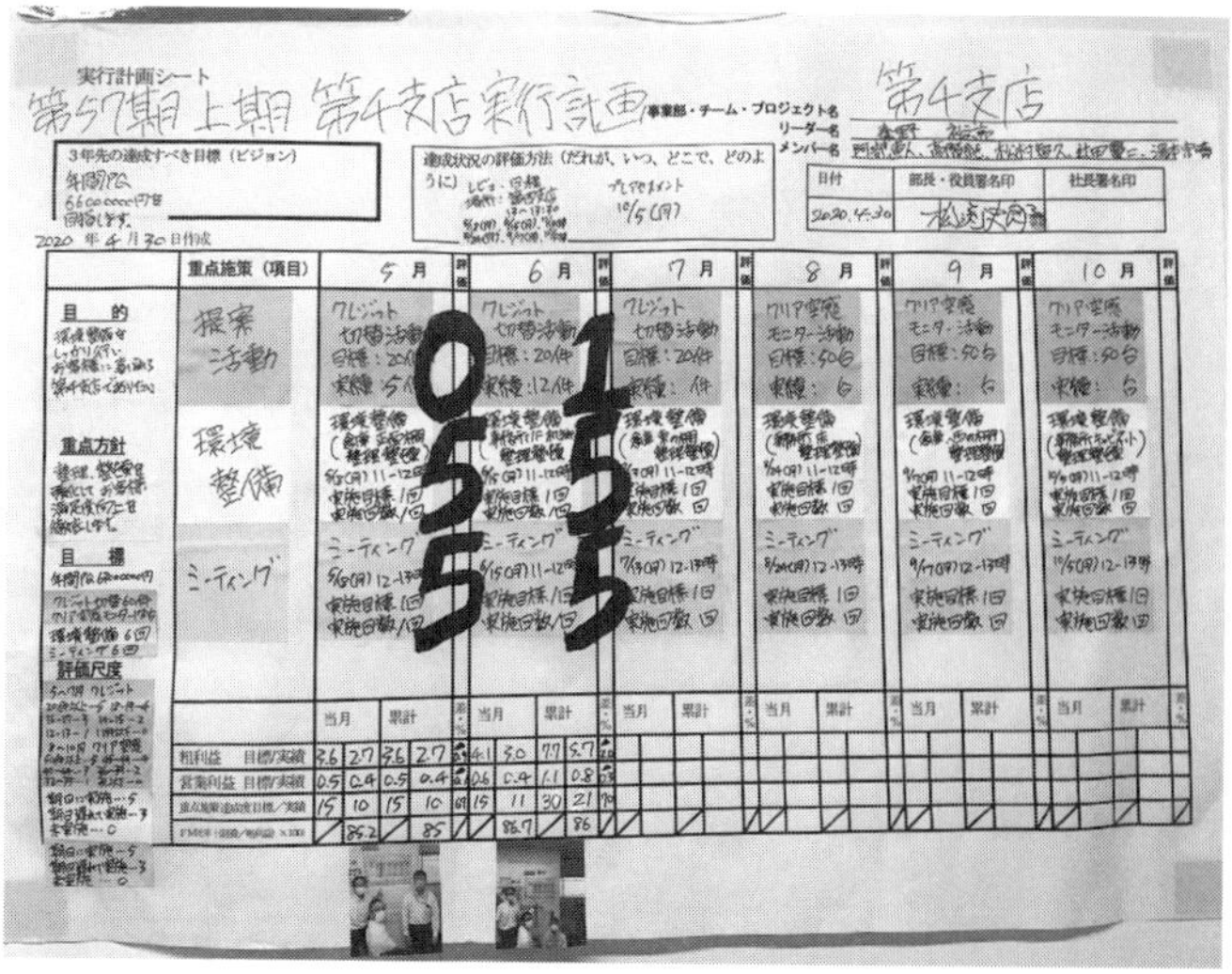

各部門（上）や支店（下）の実行計画書。計画を立てて、実行し、状況を確認する

現場の声を尊重しているため、私はほとんど口を挟《はさ》まない。出揃った実行計画に対して、「評価尺度との整合性」をチェック（承認）するだけです。従業員（社員、パート、アルバイト）が自ら計画を立て、実行し、成果を検証する。成果が出たことは継続し、出なかったことは改善する。それを繰り返すことで、**「時代の変化に対応した組織」**をつくることができます。

17年連続赤字のライフケア事業部は、なぜ黒字化できたのか？

武蔵野のライフケア事業部は、超高齢社会のニーズに応えて、シニア家庭の掃除や洗濯、料理などの家事代行や、身の回りのお世話、見守りなどのサービスを提供する事業部です。ご高齢者がいつまでも自立し、自分らしく充実した日々を送れるよう、人生のお手伝い（ライフケア）をしています。

ライフケア事業部は、17年連続で赤字でした。ところが第56期、２０１９年から黒字に転換。第58期（2021年度）は、売上：4億2000万円、経常利益：5800万円に成長しています。

ライフケア事業部は、なぜ変わることができたのでしょうか。

ライフケア事業部の本部長、佐々木大志は、黒字化の要因のひとつに、

「現場の声による改善」

を挙げています。

「利益が出なかったときは、『幹部社員が指示を出して、パートやアルバイトを動かす』というスタンスでした。ですが、幹部社員は現場から離れているため、昔の感覚で『あれやれ、これやれ』と指示を出しても、成果を出すことはできません。だとすれば、現場にもっとも近いところにいるパート、アルバイトの意見を取り上げて、現場に出る人たちが動きやすいように会社のしくみを変えていくべきです。

わが社は、現在、『Googleルッカースタジオ』を導入して業務の数値化、可視化を進めています。ライフケア事業が運用しているポータルの多くは、パート、アルバイトが自ら

アイデアを出し、作成したものです。管理職がパート、アルバイトを動かす組織から、管理職がパート、アルバイトの声にもとづいて動く組織に変わったことが、黒字化できた大きな理由だと考えています」（佐々木大志）

17年連続赤字のライフケア事業部を撤退しなかったのには、理由があります。赤字が続いていた期間は、ライフケア事業部に配属されることを、社員は全員嫌がりました。ですが、ライフケア事業部で半年以上勤務した課長職の社員は、ひとりの例外もなくほかの事業部に行っても頑張って成果を上げ、その結果、全員が部長に昇進しています。

本部長職以上の社員は、赤字事業部を経験しています。

利益が出ている事業部よりも、赤字の事業部のほうが人が育つ。

私はこのことを知っているから我慢して撤退しませんでした。

社員の誰よりも汗をかき、働くことが社長の仕事

「無理を承知で」社員に協力をお願いすることの真意

武蔵野は、社員の能力を測定するために、「エナジャイザー」（公益財団法人日本生産性本部が提供する人と組織の適性診断）というツールを導入しています（第4章で詳述）。エナジャイザーを使うと、その人の仕事の速さ、正確さ、安定性といった情報処理能力を評価できます（A評価からE評価まで）。

私の評価は「C」。武蔵野の社員の中でも、能力は低いほうです。それなのに、武蔵野の誰よりも結果を出すことができるのは、

「1分1秒も無駄にせず、社員の誰よりも、汗をかいて働いているから」

です。
わが社の経営計画書には、
「経営計画発表にあたって」
と題した一文が掲載されています。

【経営計画発表にあたって】※第59期経営計画書から抜粋

「この経営計画書は家族の期待と責任を一身に背負っている社員が、安定した生活を築くため、昨年の過ちを正し、お客様に愛され支持される会社を実現するために、数字による目標と方針を明確にし、何をしなければならないか、また何をしてはいけないかを、全身全霊、精魂を込めて書き上げたものです。

ここに書かれた目標、方針は幹部が参加して、作成したものですが、最後の利益責任は社長ひとりにあります。

社長の務めは、『決定』と『チェック』です。

夢のある事業計画を作成し、社員が、力を合わせて成果が得られれば、みなさんのお手柄です。

したがって、実行する主役である社員一人ひとりに実施責任を持っていただきます。

朝、起きて仕事のできることに感謝し、家族・同僚との絆を大切にし、同じ時代に生きる縁の不思議さと喜びを共有して、多くのお客様や関係する方々が応援してくださる会社にします。

社長が先頭に立って、汗をかいて働きます。無理を承知で、みなさんに協力をお願いいたします」

この文の最後に、

「無理を承知で、みなさんに協力をお願いいたします」

と書いているのは、社員に仕事を無理強いするためではありません。

社長の仕事は、社員の生活を守ることです。社長には、社員全員を雇用し続ける義務があります。そのために社長は、時代がどのように変化しようとも売上を上げ、利益を出さなければならない。

「無理を承知で」とは、

「社員の誰よりも、社長自身が、無理を承知で頑張る」

という覚悟をあらわしています。「無理を承知で」を言い換えると、「社長が強い気持ちを持って誰よりも働かなければ会社は変わらない。利益を上げることは簡単なことではない。そのことを私自身がよく理解した上で」といった文脈になります。

誰よりも汗をかき、働く。それが社長の仕事です。

わが社には、「武蔵野の社長には、絶対になりたくない」と考える社員が大勢います。なぜなら、「社長が一番働かなければならない」ことがわかっているからです。

私は、常に現場に出ています。コロナ禍前の2019年、私が1日中会社にいたのは、わずか1日でした。

わが社の社員は、「社長は、社内にいないもの」だと思っています。あるとき、私が社長室に入ろうとすると、「小山さん、いたのですか?」と驚かれ、続いて「小山さんは予約を入れていないので、社長室は使えませんよ」と入室を断られたことがありました(笑)。

社長室は、「会議室」を兼ねているため、社長といえども、事前予約が必要です。社長でも社長室が使えないことがある。それがわが社のルールです(笑)。

社長が遅くまで会社に残っていてはいけない

会社を強くしたければ、社長が誰よりも働く必要があります。

ですが、「誰よりも汗をかいて働くこと」と、「誰よりも遅くまで会社に残ること」は、イコールではありません。それどころか、**「社長が誰よりも遅くまで残っている会社」は、組織力が弱くなります。**

先日、赤字続きの2代目社長（A社長）が「毎日、最後まで会社に残っている」というので理由を聞いたところ、「自分がいないと、安心できない」と答えました。

これを聞いて、赤字の理由がわかりました。A社長は、

「社員を信用していなかった」
「社員に任せておけなかった」
「自分が最後まで会社にいないと安心できなかった」

だから、「会社に残っていた」わけです。

社員を信用しない社長は、社員からも信用されない。社員が社長を信用しない会社は、

方針やルールが徹底されない。だから組織が弱くなります。

社員が数名規模の会社ならまだしも、数十名を超える規模の会社では、社員の協力（社長への信頼）なくして、時代の変化に対応することは難しい。

会社を成長させるつもりがないなら、ワンマンのままでもかまわない。しかし、

「会社を成長させたい」

「何があっても揺るがない組織をつくりたい」

のなら、幹部社員を育てて権限委譲を行い、社長は自分にしかできない仕事に集中する必要があります。

新入社員、一般社員であれば、「何でも、自分でやれる人」が優秀です。ですが、社長や管理職は、何でも自分でやってはいけない。

社長や管理職に求められるのは、個人の成績ではなく、**組織としての成績**です。したがって、社長や管理職は、

「部下（社員）に権限を委譲し、仕事を任せ、経験を積ませ、成長させる人」

が優秀です。

組織を弱くする社長の2つの共通点

「代表取締役社長」の肩書きには、大きな威力がある

業績の悪い会社の社長には、「2つ」の共通点があります。

①「トップ営業をしたがらない」

②「見栄やプライドがジャマをして頭を下げられない」

①「トップ営業をしたがらない」

「社長の仕事は、決裁すること」だと考えている社長がいます。たしかに、決裁も社長の

大切な仕事です。決裁を通して、会社のお金の流れを知ることもできます。

ですが、それ以上に大切なのが、**「トップ営業」（社長の営業）**です。


会社で「もっとも営業力を持つ人物」は誰だと思いますか？

「社長」です。

「代表取締役社長」の肩書には、大きな営業力があります。

それなのに、赤字の会社の社長は、肩書きの威力に気づいていません。経営コンサルタントの第一人者で「社長の教祖」と呼ばれた故・一《いち》倉《くら》定《さだむ》先生は、

「社長の訪問1回は、営業マンの訪問100回に相当する」

とおっしゃっていました。私もそう思います。


【トップ営業のメリット】
- 社長が、「自ら足を運んで営業をする」ことによって、相手の信頼・信用を得ることができる。
- ライバル会社に既存顧客を奪われるのを防ぐ。

- クレームが発生した際、社長が謝罪に出向いたほうが、事態を速やかに収束できる。
- 社長が営業に行くと、一担当者ではなく、役職者（決裁権者）に取り次いでもらえる。
- 世の中の動きやお客様のニーズを直接、知ることができる。

創業社長は、「仕事を取ってこなければ、会社が潰れてしまう」ため、好きも嫌いもなく、必死に営業をします。一度や二度、断られてもくじけない。飛び込み営業も厭わない。

ところが2代目・3代目の社長は、創業者に比べるとストレス耐性が低い。「恥をかきたくない」「門前払いにされたくない」「頭を下げたくない」という気持ちが先立ち、営業担当者（営業部門）に任せきりです。

創業者の体得した**知見・経験・体験は、2代目・3代目社長には継承できません。**自分で経験をして勝ち取るしかないのです。

社長の仕事は、「社長室」にあるのではなく、「現場」にあります。

赤字になった理由も、増収増益のヒントも、真実はすべて現場にあります。**社長室に引きこもっていては、組織を強くすることは不可能**です。

会社を変える最初の一歩は、

「社長が積極的に外に出て、新規顧客の開拓と既存顧客の保全に努める」
「社長が積極的に外に出て、自社を良くするための情報を入手する」
「社長が積極的に外に出て、さまざまなものを見聞し、恥をかき、失敗をし……を繰り返す」

ことです。

会社を守るためにも、社員を守るためにも、社員の家族を守るためにも、お客様を守るためにも、社長は営業から逃げてはいけない。**「自分が現場に出なければ、会社・組織は弱くなる」と覚悟を決め、腹をくくるしかありません。**

社長が頭を下げるほど、業績が良くなる

②「見栄やプライドがジャマをして頭を下げられない」

「代表取締役社長」の肩書きには「力」があります。

ですが、その「力」は、社長の「虚栄心《きょえいしん》」を強くするためのものではありません。

虚栄心とは、

「見栄を張りたがる心」

「自分のことを実際以上によく見せたがる気持ち」

のことです。

虚栄心の強い人は、

「相手の意見を素直に聞き入れられない」

「自分の失敗や過ちを認められない」

「自慢話が多くなる」

「『一目置かれたい』という気持ちが強い」

ため、人に頭を下げることができません（だから、営業も苦手です）。


社長の中には「頭を下げると、自分の値打ちが下がる」と思っている人がいます。ですが私は違います。

「社長が頭を下げるほど、業績が良くなる」

「社長が頭を下げると、信頼を得られる」

「社長の値打ちよりも、会社の値打ちを下げてはいけない」

と考えています。


だから私は、お願いをするときも、謝罪をするときも、感謝を伝えるときも、頭を下げています。


見栄を張らない。

虚栄心は持たない。

プライドはいらない。


私がほしいのは、「小山昇と武蔵野はすごい」という賞賛ではなく、「数字」と「信頼」です。それがわかれば、頭を下げるのに、なんの苦痛も感じなくなります。

恥も、見栄も、世間体もかなぐり捨て、必死にならなければ、強い組織をつくることは不可能です。

第2章
業績を伸ばし続ける強い社員の育て方

優秀な社員を採用しても、組織が優秀になるわけではない

中小企業には、優秀すぎる人材は必要ない

これまでの仕事量が「100」だった会社が、200、300、500……と仕事量を増やしていきたいのなら（つまり組織を強く、大きくしたいなら）、**社員教育をして個の能力を伸ばすと同時に、「従業員数の増員」「人材の補充」が不可欠**です。

従業員数を増員する際、赤字の社長の多くは、「優秀な人材を採用したい」「優秀な人材を採用すれば、組織も優秀になる」と考えています。

ここで言う「優秀さ」とは、新卒採用であれば「高学歴である」「学生時代に目立った成

果を残している」、中途採用であれば「前職で圧倒的な実績を残している」など、他者よりも「優《すぐ》れている、「秀《ひい》でていることです。

ですが私は逆です。優秀な人材を求めてはいません。

むしろ、他者よりも「優」れていたり、「秀」でている人材は必要ない。学力も能力も、「既存社員と同じくらい」でちょうどいい。

組織を強くするために必要なのは、

「そこそこの能力を持った社員が、同じ価値観を持つ」

ことです。

したがって、「既存社員よりも優秀な新卒社員は必要ない」と私は考えています。

既存社員よりも優秀な新卒社員を採用しない理由

「既存社員よりも優秀な新卒社員を採用しない」理由は、おもに「3つ」あります。

【既存社員よりも優秀な新卒社員を採用しない3つの理由】
①既存社員も新卒社員もやる気をなくすから
②組織には、さまざまな人材が必要だから
③組織の均一化、標準化、平均化ができなくなるから

①既存社員も新卒社員もやる気をなくすから

「学歴や成績は参考程度にしか評価しない」のが、わが社の採用基準です。

「有名大学の学生」だからといって武蔵野に入れるわけではないし、「それなりの大学の学生」だからといって落とされるわけでもありません。

ただし、私の経験則として、「わが社の場合、難関大学・有名大学を優秀な成績で卒業した新卒社員ほど、辞めてしまう」傾向にあります。

新卒社員のレベルが既存社員よりも「高すぎる」ことが原因です。


軽自動車に乗っている人と、大排気量のスポーツカーに乗っている人を同じスピードで走らせると、軽自動車に乗っている人は、「これ以上、スポーツカーにはついていけない」

と諦《あきら》め、スポーツカーに乗っている人は「もっと速く走りたい」「軽自動車は遅すぎる」とストレスを感じます。それと同じです。

レベルが違いすぎると、既存社員も新卒社員も実力を発揮することはできない。したがって、「優秀すぎない人材」「既存社員とのレベル差が少ない人材」を採用して、**「能力差が出ない組織づくり」をする**ことが大切です。

②組織には、さまざまな人材が必要だから

たとえばプロ野球。

プロ野球の花形は4番バッター（ホームランバッター）です。ですが、4番バッターばかりを集めても優勝できません。1番から9番まで各打順には役割があり、各選手の個性を最大限に発揮するには、役割に沿って打順を組む必要があります。

たとえばお城。

城壁は、大きな岩、中くらいの石、小石、丸い石、尖った石、四角い石など、形も大きさも異なる石を積み上げることで、強度を高めています。石の大きさは、優秀さ（＝学力

の高さ）をあらわしているのではなく、個性や特性です。

そして、さまざまな個性や特性を持つ社員をひとつにまとめているのが、「価値観」です。

経営も、野球や城壁と同じです。

「能力」（学歴）の高い人だけで組織を組んでも、組織はまとまらない。**組織力を高めるためには、総合力で勝負**すること。異なる役割を持った人たちが、全体の目標を共有し補完し合う「有機的なつながり」をつくることです。

わが社はすでに、さまざまな個性や特性、役割を持つ既存社員がいるので、彼らとのつながりを考えた人選が重要なのです。

③組織の均一化、標準化、平均化ができなくなるから

お客様には、どの社員が担当しても同じサービスを提供しなければなりません。そのためには、

「金太郎飴のように均整のとれた組織をつくること」

能力の高さに関係なく、

既存社員より優秀な新卒を採用しない3つの理由・まとめ

①既存社員も新卒社員もやる気をなくす

- 既存社員よりもレベルが高いと、
既存社員も優秀な新卒社員も実力を発揮できない。

②組織には、さまざまな人材が必要

- 組織力アップのためには、総合力で勝負すべき。

③組織の均一化、標準化、平均化ができなくなる

- 優秀な人が組織に入ると均一化が崩れてしまう。

☞だから……

- **既存の社員と同じレベルの社員を採用する。**

Point

強い組織をつくるには、
「均一である」=「全員が同じ価値観を持つ」ことが必要。
価値観が揃っていれば、社員全員で同じ戦い方が
できるため、個々の能力が少しくらい劣っていても、
組織力で勝負できる。

「人が入れ替わっても、誰が担当しても、同じ質の仕事ができること」
「誰に聞いても、同じ答えが返ってくること」

が重要です。

中小企業に必要なのは、突出した能力のある社員ではありません。能力も学歴も「それなり」でいいので、**全員が同じ結果を出せる**ことが大切です。

武蔵野は価値観教育に力を入れているので、基本的には、同じ価値観の下で仕事をしています。考え方の大きなズレはありません。

強い組織をつくるには、「均一である」＝「全員が同じ価値観を持つ」ことが求められます。いくら頭が良くて能力が高くても、会社の考え方に従えない人は、結果として戦力にならない。価値観が揃っていなければ、組織はバラバラになる。

一方で、価値観が揃っていれば、社員全員で同じ戦い方ができるため、個々の能力が少しくらい劣っていても、組織力で勝負できます。

社長と社員が時間と場所を共有し、一緒に学ぶことで組織が強くなる

教育の回数と教育を受けた社員数が多いほど、組織力は上がる

会社の組織力は、社員教育の量で決まります。商品力、販売力、営業力を伸ばすよりも、人の力を伸ばすために必要なのは、「社員教育の量」を増やすことです。

「人の力を伸ばす」ことが、組織力アップの要諦《ようてい》です。

この「量」には、「2つ」の意味があります。

①「勉強の回数」の意味での量と、②「勉強をしている人数」の意味での量です。

時代がどう変化しても武蔵野が堅調なのは、社員教育の量を増やして、

「社長と社員の価値観を揃えること」

に注力した結果です。

①回数

社員教育において大切なのは、「回数を増やす」ことです。

回数といっても、「新しいこと」「まだ学んでいないこと」をたくさん教えるのではなく、「同じことを何度も、何度も、何度も、教える」ことです。

わが社の場合、社員教育のテキストは、『改訂3版　仕事ができる人の心得』（ＣＣＣメディアハウス）と「経営計画書」の2つだけです。

「少ないテキストを使い、同じことを何度も繰り返す」

「できるようになるまで、何度も同じことを学ぶ」

のがわが社の教育方針です。

中小企業の多くで人材が育たないのは、毎回、違うことを教えるからです。

私は平成元年（１９８９年）に武蔵野の社長になりました。そして平成3年には、無謀にも社員教育を平均３００時間実施し、そのときは、いつも新しいことを教えていました。

その結果、次から次へと社員が辞めていきました。勉強が大嫌いな、どうしようもない社員に次から次へと新しいことを教えるという大失敗に気づくのに、1年を要しました。

たくさんのことを教えるよりも、**「同じ内容」を繰り返し教え、「同じ内容」を積み重ねていくほうが、実力を伸ばすことができます。**新しいことを教えるのは、「教えたことが、しっかり身についてから」にすべきです。

②人数

武蔵野は、わが社の社員だけでなく、パートナー会員（武蔵野の経営指導を受けている会員企業）の教育量もデータ管理し、可視化しています。

したがって、「誰が、いつ、どのセミナーを受講しているか」「誰が、教育を受けていないか」が丸見えです。このデータと会社の業績の相関関係を読み解くと、

「できるだけ多くの社員に、できるだけ多くの教育機会を与えている会社ほど、伸びている」

「定期的かつ満遍《まんべん》なく、多くの社員に教育を施している会社ほど、非常時にも動じない」

ことが明らかになりました。

社長がひとりで勉強しても、組織を強くするのは難しい。社長と社員の実力差が広がるからです。社長と社員の差が広がると、社員は社長の言うことを理解できなくなります。

会社の成長に必要なのは、勉強している社員の「人数」です。社員も一緒に勉強し、

「スキルや知見が増えれば増えるほど」

「社長と社員、上司と部下の考えが揃えば揃うほど」

会社は成長します。

私は年間50社以上、パートナー会員企業を訪問し、現地指導をしています。このとき、「社長がひとりで、私の指摘を聞く会社」と「できるだけ多くの社員と一緒に、私の指摘を聞く会社」では、後者のほうが業績は上です。

前者の会社は、私の経験上、社長と幹部社員の価値観が統一されていないため、社員が離反するケースが多くありました。

社長と社員が時間と場所を共有し、同じものを見て、同じ話を聞き、一緒に学ぶことで、組織は強くなります。

「やる気のない社員」が組織を強くする

やる気がないからといって、ダメ社員ではない

1996年くらいまで、私は社員に「頑張れ、頑張れ、もっと頑張れ」とハッパをかけていました。すると社員は、「はい！」と返事はするものの、いっこうに頑張らない。「はい！」は、「聞こえています！」の意味で、「頑張ります！」の意味ではなかった（笑）。

この経験から、私は、「頑張りたくない人に、『頑張れ』と声をかけても、意味がない」ことに気がつきました。

お腹が空いていない人、お腹がいっぱいの人に「大盛りの焼肉」を差し出したところで、

相手は喜ばない。それと同じです。

「出世したい」「もっと給料がほしい」といった成長意欲がある人には、相応の量の仕事と、責任を与える。けれど、「今の仕事でそこそこ結果を出せればいい」「最低限の給料がもらえればそれでいい」「出世には興味がない」という人には、無理をさせなくていい。

仕事に対する考え方は人それぞれですから、全員が全員、同じように頑張る必要はないわけです。

武蔵野にも、「やる気のある社員」と「居《い》る気の社員」がいます。居る気の社員とは、「余計な仕事はせず、最低限の給料をもらえれば満足する社員」のことです。

中小企業の社長の多くは、「居る気の社員は、ダメ社員」「居る気の社員は、お荷物社員」とネガティブなレッテルを貼りがちです。

ですが私は、居る気の社員に対して、寛大かつ楽観的な社長です。居る気の社員はウエルカムです。なぜなら、

「居る気の社員がいるから、やる気のある社員がさらに伸びていく」

「居る気の社員がいるから、組織が強くなる」

からです。

経営計画書の「人事評価に関する方針」にも、「頑張った人、頑張らない人の給料・賞与に格差をつける」「チャンスは平等に与え、学歴による差別はしない」と明記しています。それを百も承知の上で、「居る気でいい」「頑張らなくてもいい」と決めたのであれば、その考えを私は尊重します。「居る気」だからといって、社員を辞めさせることはありません。

わが社の人事評価は、相対評価です。相対評価とは、グループに属する社員を比較して、評価結果に順位をつけるやり方です。

S（高評価）→A→B→C→D（低評価）の順番になっていて、居る気の社員は、基本的にC・D評価です。

居る気の社員を辞めさせてしまうと、ほかの社員がC・D評価に落ちることになります。するとやる気のある社員のモチベーションが下がりやすくなります。

「あの人（居る気の社員）がいるから自分はＣ・Ｄ評価にならなくて済んでいたのに、あの人がいなくなると、今度は自分がＣ・Ｄ評価をもらうかもしれない。それは嫌だ」と萎縮することもあります。

しかし、居る気の社員が常にいれば、やる気のある社員は「自分がビリになる可能性は低い」ため、安心して頑張れます（もちろん、居る気の社員がいてもやる気のある社員がＤ評価に落ちることもあります）。武蔵野にとって居る気の社員は、**やる気のある社員のモチベーションを保つ上でも貴重な存在**です。

それに、居る気の社員も、必要に迫られ、「やる気を出す」ことがあります。

「結婚する」「子どもができる」「子どもが進学をする」「家を買う」「定年が迫っている」といったライフイベントがあると、「今のままではまずい」と焦りはじめ、少しずつ頑張るようになります。

「本人がやる気になるのを待つ」

「やる気を出すまでは、無理に期待をしない」

これが居る気の社員との向き合い方です。

社員には、権利だけでなく「義務」がある

私は、居る気の社員を認めています。ですが、居る気の社員にも、「最低限の仕事」はしてもらいます。

最低限の仕事をするのは、「社員の義務」だからです。

社員には、会社で仕事をする上で、多くの「権利」が認められています。

「提供した労働力に対して賃金を受け取る権利」「休日や年次有給休暇を取得する権利」「残業代などの割増賃金を受け取る権利」「自由に退職する権利」などです。

一方、社員には、「義務」もあります。

「会社に対して労務を提供する義務」「労働契約で交わした内容の仕事をする義務」「会社の重要な情報を外部へ漏らさない義務」「会社の信用を失う行為をしない義務」「就業時間中は仕事に専念する義務」などです。

2000年度に「日本経営品質賞」を受賞する前の武蔵野は、社員が権利ばかり主張する会社で、義務がおろそかになっていました。

「こんなに頑張っているんだから、もっと賞与を払え」

「休みが少ないから、もっと休ませろ」

ですが、「ああしてほしい、こうしてほしい」と要求する割に、サボってばかり（笑）。社員だけでなく社長の私も**「社員には義務がある」ことに気づいていなかったのですから、**組織が弱いのも当然です。

社員には、権利だけでなく義務もある。そのことを理解した上でマネジメントをするようになって、武蔵野は強くなりました。

社員は、会社が決めたルールを守る。経営計画書に書かれた方針を守る。「最大、最高」でなくてもいい。最小限度、最低限度でかまわないので、義務を果たす。

そして、義務を果たした社員には、それにふさわしい権利を認める。

権利と義務の関係を社員に理解させることも、社長の役割のひとつです。

相手の成長レベルに合わせた社員教育をする

人の成長には「差がある」のが正しい

畑に種《たね》を蒔《ま》いたとき、「すべての種が同じタイミングで一斉に芽吹く」ことも、「すべての芽が同じ早さで同じように成長する」こともありません。

発芽日数や生育スピードには、違いがあります。早く育つ芽もあれば、そうでない芽もあります。大きく育つ芽もあれば、そうでない芽もあります。

人の成長も、種や芽と同じです。

人それぞれ、成長のスピードは異なります。

学んだことをすぐに理解・実践できる社員もいれば、そうでない社員もいる。

すぐに結果を出す社員もいれば、時間がかかる社員もいる。

早く昇進する社員もいれば、昇進できない社員もいる。

それなのに多くの社長は、

「社員教育をすれば、全員一度に芽が出て、同じように育つ」

「なかなか芽が出ないのは、その社員に力がないから」

と考えています。


「同じように育つのが当たり前」という考え方は、錯覚です。人の成長には「差がある」のが正しい。「バラツキがある」のが正しい。

成長スピードも、理解力も、知識レベルも、人によって異なります。したがって、社員教育の基本は、画一的な指導をしないこと。

「相手の成長レベル（相手の特性）に合わせた教え方をする」

「同じレベルの社員を集めて教える」

ことが大切です。

人の成長レベルに合わせた正しい社員教育

- 同じ教育をしても、社員の成長スピードは、それぞれ異なる。
- 人の成長には「差がある」「バラツキがある」。

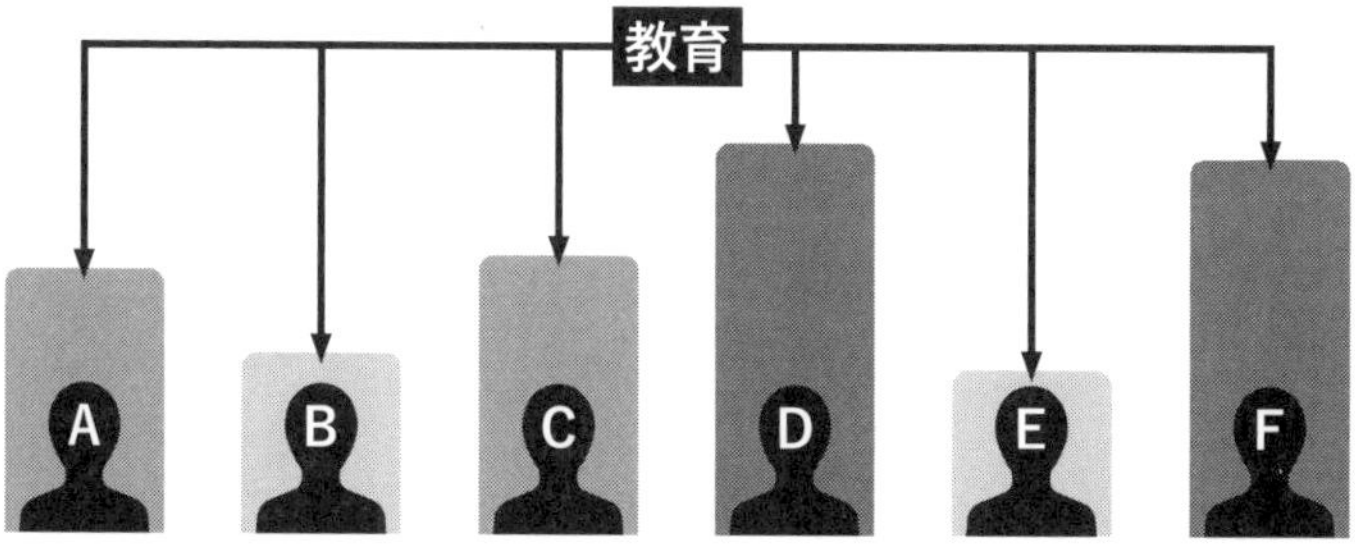

☞だから……

- **相手の成長レベル（特性）に合わせた教え方をする。**
- **同じレベルの社員を集めて教える。**

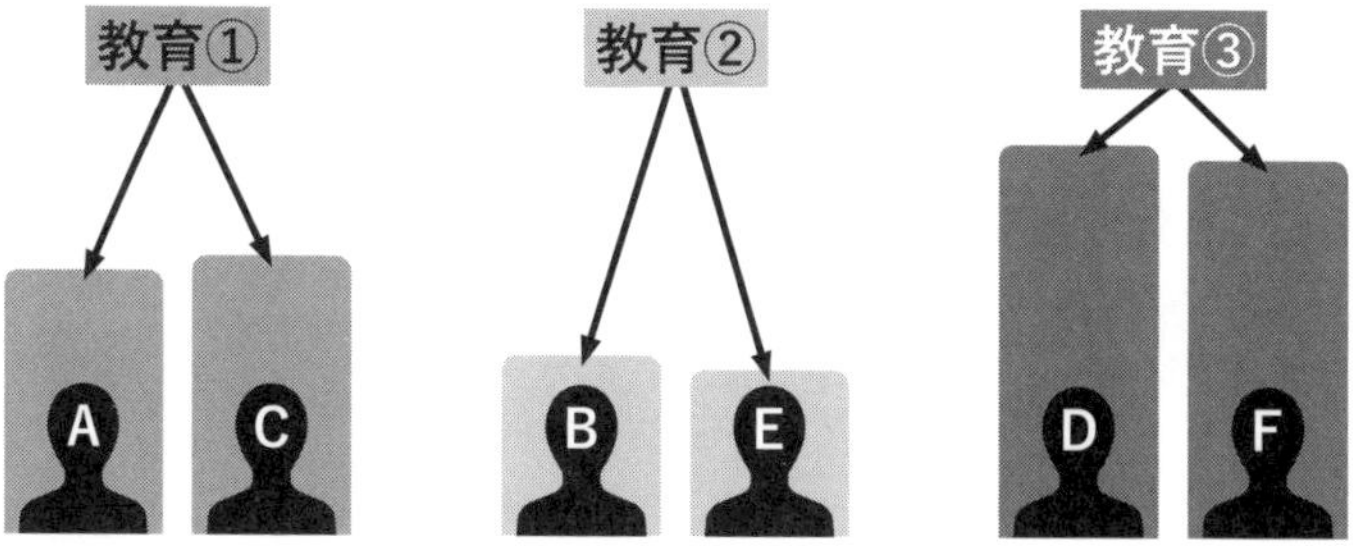

Point

同じ教育をしても、人は同じように育たない。

「教えて、育てて、成果を出させる」それが本当の社員教育

知識を教えるだけの教育は意味がない

社員教育の目的は、

「部下の行動を変え、成果を出させる」

ことです。

「知識を教えるだけの教育」や、「人の行動が変わらない教育」は無意味です。

私は、社員教育を**「教育」と「育成」のセット**で考えています。

【教育と育成】

◉「教育」の概念……「教」えて、「育」てる

・教える……インプット。知識を与えること。
・育てる……アウトプット。振り返りをさせること。

◉「育成」の概念……成果に結びつける。結果を出させる

わが社は、大型バスを貸し切って、従業員（社員、パート、アルバイト）が全営業所を視察するバスウォッチングを毎年開催しています。

バスウォッチングも、
「教えて、育てる」
「インプットしたものを、アウトプットさせる」
しくみのひとつです。

現場の視察によって、「この営業所では、こういうことをやっているのか」と、知識を得ることができます。この時間は、「教える時間」（インプット）です。

社員は50個以上、パート、アルバイトは20個以上の「気づき」をメモに取り、終了後、社長と上司にレポートを提出します。バスの中ではひとり2分、「今回勉強になったこと」「気がついたこと」「実行したいこと」などを発表・共有します。この時間は「育てる時間」（アウトプット）です。

バスウォッチングだけでなく、わが社の**勉強会や懇親会の多くは、「教える時間」と「育てる時間」がセット**になっています。

知識を得たら、振り返る（感想を述べたり、コメントを書いて提出する）のが基本です。

育成とは、成果を出させること

教えて、育てたあとは（教育の次は）、「育成」です。

育成とは、**社員に成果を出させる**ことです。

部下の育成は、上司の仕事です。わが社では、「たくさんの部下にA評価を取らせた上司」「部下の『こうしたい』『こうなりたい』という目標達成に貢献した上司」を「優秀な上司」と考えています。

成果を出させるために大切なのは、次の「2つ」です。

【育成の2つのポイント】
①目標を設定し、上司と部下で共有する
②実際の仕事を真似させる指導をする

①目標を設定し、上司と部下で共有する

事前に目標を決めておかなければ、「成果が出た、出ていない」を判断できません。

実績が「80」だったとき、この数字を見ただけでは、成果が出ているのか、出ていないのか、わからない。

ですが、「100」という目標が設定されていれば、「成果が出ていない」「目標まで20足りなかった」ことがわかります。

わが社は、**「直属の上司と部下の個人面談」を義務化**しています(毎月1回、5分間)。

この面談を通して、部下の成果目標(ゴール)を明確にします。「ポジション(役職)を上げる」「労働時間を減らす」「賞与額を上げる」といった目標を部下ごとに決めたあと、上司はその実現に向けたアドバイスをします。

成果目標のレベルが高すぎると現実味がないため、**「部下が到達できるレベル」に設定することが重要**です。

職責が低いほど「短期間で実現できる目標」を設定すること。長くとも「3年以内に達成できる目標」にしないと、部下のモチベーションが続きません。

②実際の仕事を真似させる指導をする

現場は、お客様との信頼関係を築く場であると同時に、社員を教育する最高の場です。物事は、口で説明するだけではダメ。**実物、現場を体験させるのが一番**です。

組織における「教育」と「育成」のポイント

「教育」とは……

①教えて＝インプット（知識を与える）。
②育てる＝アウトプット（振り返り）。
➡知識を得る＋振り返る＝知識が定着

「育成」とは……

①成果に結びつけること。
②結果を出させること。
➡到達可能な目標を明確に設定
　＋上司と部下で共有
　＋実際の仕事を真似させる指導
　＝成果を出せる

教育＋育成＝社員が育ち、組織が強くなる！

Point

社員教育は「部下の行動を変え、成果を出させる」ことが目的。

「知識を教えるだけの教育」

「人の行動が変わらない教育」は無意味。

知識は「口」で教えることはできますが、体験、経験は、現場で学ばせるのが基本です。

上司は、自分が現場に出るときに、部下を同行させる。そして、自分の背中を見せる。そうすれば部下は、上司の知見を実際の仕事を通じて理解できます（武蔵野では、上司が部下を現場に同行させた回数を毎月申告させています）。

部下に一番響く指導は、**一緒に働いている同僚が結果を出していることを、そのまま真似させて結果を出させる**ことです。

でも人は、小さなプライドがあるから、素直に人の真似をしません。

しかし、小学校1年生は高校1年生の真似はできないし、中学校1年生は大学1年生の真似はできません。**「人の真似ができることはレベルが高いこと」**です。

このことを部下に教えることが大事です。そうでないと、人の真似をするようにはなりません。

人間は、失敗や人の真似からしか学べないのです。

部下が上司に質問できる機会を提供する

上司の役割のひとつは、部下の質問に答えること

部下の質問に答えるのは、上司の役割のひとつです。

部下を戦力化する上で大切なのは、社長や上司が一方的に指導するのではなく、**「部下が困っていること、悩んでいること、できないことに答える」**ことです。

私は、「聞かれたら、どんな質問にも答える。しかし、聞かれなければ指導しない」が基本スタンスです。

「学びたい、知りたい」という意欲のない社員に「こうしろ、ああしろ」と指導しても、

やらないことがわかっています。

ところが、「聞いてくれれば、何でも答える」と声をかけても、わが社の社員は、私に対しても上司に対しても、なかなか聞いてこない（笑）。

聞いてこない理由は、

「上司や社長は忙しいから、声をかけたら悪い気がする」

「『そんなこともわからないのか』と怒られてしまうかもしれない」

「質問をしたら、『こうしろ』と言われる。言われた以上は、やらなければいけない。それは面倒だ」

と思うからです。

そこで武蔵野は前述した「個人面談」「現場同行」のほかにも、「社員（部下が）が社長や上司に質問できる場づくり」を心がけています。

◉部下が上司に質問するしくみ

・サシ飲み／サシランチ

サシ飲み（上司と部下が1対1で飲む）は、上司の義務です。

サシ飲みとサシランチは交互に行い、同一人物と2か月連続は不可。部下がひとりの場合は3か月に一度、実施します。

サシ飲みには、

「上司が先に自己開示をして、部下の心を開く」
「最初はプライベートの話から入る」
「部下が話しているとき、上司は傾聴をする（口を挟んだり否定したりしない）」
「上司は部下の気持ち・感情に寄り添う」
「対面ではなく、横座りにする」

といったルールが決められています。こうしたルールは、部下が質問をしやすくするための工夫です。

◉社員が社長に質問するしくみ

・社長と食事会（年5回）

社員だけでなくパート、アルバイトの方も参加することができ、普段聞くことができない質問・相談を社長に直接することができます。

・社長への質問会（年9回）

3グループと4グループの社員（課長、部長クラス）を対象にした懇親会です。仕事はもちろん、子育てなどのプライベートの質問も受け付けています。

「わからないこと」があったら、人に聞くのが一番

悩みは人に話したほうが、早く解決します。

わからないことは人に質問したほうが、早く答えにたどり着きます。

困ったことがあった場合は自分で処理しようとせず、上司や先輩や、その事柄に一番強い人に相談をして、アドバイスを受けたほうがいい。

わが社は、面談やサシ飲みなど、上司が部下の話を聞く場（部下に話をさせる場）を設けているので、部下の悩みに上司が手を貸すことができます。

わが社が懇親会（食事会）を社員教育と位置付けているのは、1対少数、あるいは1対1なので、部下が「自分が聞きたいこと」を「教わる」ことができるからです。

第3章

非常時でも動じない強い組織のつくり方

不測の事態こそ、事業構造を変えるチャンス

従来どおりの業務ができないのなら、別のやり方を模索する

新型コロナウイルス感染症の蔓延などの不測の事態に陥ったとき、経営者はおおむね、「2つ」のタイプに分かれます。

①「企業努力だけではどうにもならない」と、悲観的にとらえるタイプ
②「今こそ会社を変えるチャンス」と、前向きにとらえるタイプ

私は、②のタイプです。厳しい経営環境でも手をこまねいていたり、状況が好転するま

でじっと待つことはありません。私が「ピンチはチャンス」と考えているのは、

「ピンチでなければ、できないこと」
「会社の業績が良いときは、手をつけられないこと」

があるからです。

ピンチは、今までのやり方、今までの考え方を捨てるチャンスです。

「さぁ困った、どうしよう」と嘆いたところで、事態が好転することはない。今までのやり方・考え方が通用しないなら、新しいビジネスモデルをつくるしかありません。

【ピンチでなければできないことの一例】

・大規模な人事異動／組織変更

ピンチでは、社内の空気がよどみ、活気がなくなります。そこで私は、緊急事態宣言の発令期間中に、会社はじまって以来の大規模な人事異動を行いました（正社員280名中、200名が異動）。

変化とは、人を変えることです。とくに、長（リーダー）が変わると、組織は変わります。逆に、人を変えなければ、組織は変わりません。また、大規模な人事異動をすると、

社員は真剣になる。「うちの会社は大丈夫だ」「自分は大丈夫だ」という気の緩《ゆる》みもなくなります。

当然、一時的に現場は混乱します。しかし、**組織を活性化させるためには、人事異動や組織変更で会社を変化させる**必要があります。

・経費削減

仕事のやり方を変えることで、経費を削減することが可能です。

非常時は「売上を伸ばして利益を出す」のが難しいため、**「今の売上のままで、利益を上げるには、どうすべきか」の視点で経営を見直します。**

コロナ禍は「人との接触」が制限されました。そこでわが社は、「アナログ（対面）」で行っていた業務を「デジタル（オンライン）」に切り替えました。対面によるセミナーを減らして、オンラインセミナーに変更した結果、会場代、懇親会代、資料代（印刷費用）、社員の残業代を削減できました。

ＩＴツールの導入にはお金がかかります。ですが、削減できる経費と導入コストを比較してみれば、「ＩＴ化を進めたほうが得」だとわかります。武蔵野では、導入コストや通信費よりも「減った残業代」のほうが大きくなって、生産性が上がりました。

経費削減の注意点は、**「粗利益を出すための改善策とセットで考える」**ことです。経費を減らせば損益分岐点が下がるため、一時的には持ちこたえることができます。ですが、同時に「稼ぎ（粗利益）を増やす」ための策を講じなければ、早晩、会社は潰れてしまう。経費を減らすだけでは、根本的な解決策にはなりません。

粗利益を出すための基本的な考え方は、

「業績のいい部署、売上が落ちていないサービス、商品に戦力を投入する」ことです。業績の悪い（儲かっていない）部署の人を減らし、業績のいい部署に異動させます。このとき、新しい人材（業績の悪い部署から異動してきた人材）には「既存のお客様のフォロー（守りのポジション）」を担当させます。まだ実績がないため、新規開拓は荷が重いからです。

そして、以前からいる人材（実績のある人材）には、新規開拓（攻めのポジション）に専念させます。

こうすると、業績の悪い部署の損益分岐点を下げると同時に、業績のいい部署の顧客数と粗利益をさらに伸ばすことが可能です。

・事業承継（相続対策）

非常時は、事業承継のチャンスです。会社の成長期は、自社株の1株当たりの株価（評価額）が上がります。株価が上がれば、株式を承継する後継者に資金負担（譲渡の資金、相続税、贈与税）を強いることになります。

一方、会社の業績が悪くて赤字のときは、**自社株式の株価が低いため、後継者の資金負担を軽くできます。**

業績がいいときは「社員教育」にお金を使う

業績がいいときにすべきなのは、

「未来にお金を投資する」

です。具体的には、

「社員教育にお金を使って、不測の事態にも対応できる人材を増やす」

粗利益を上げるための組織の変え方

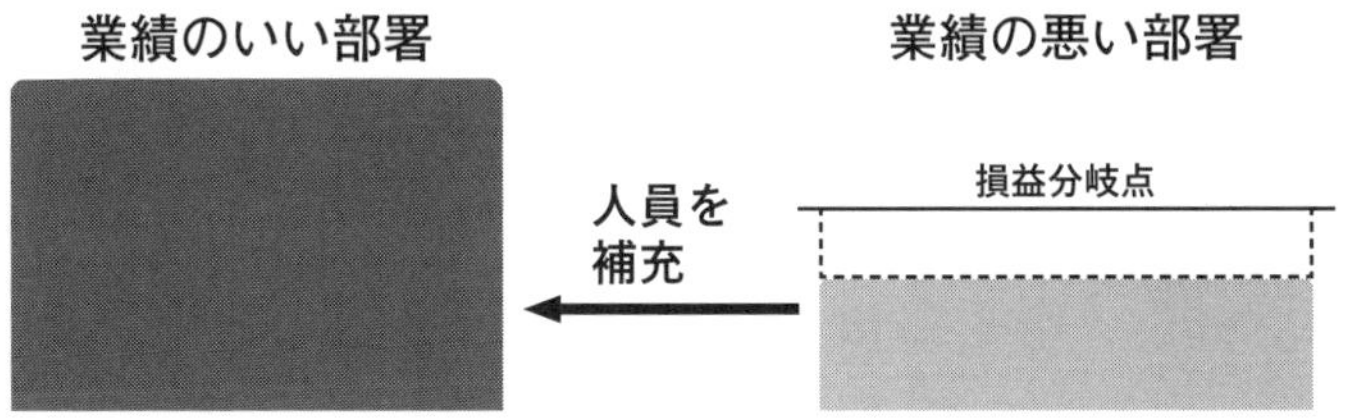

- 業績の悪い部署から異動してきた人材は、
  「既存のお客様のフォロー」を担当＝**守りのポジション**
- 業績のいい部署に以前からいる実績のある人材は、
  新規開拓に専念＝**攻めのポジション**

☞これによって……

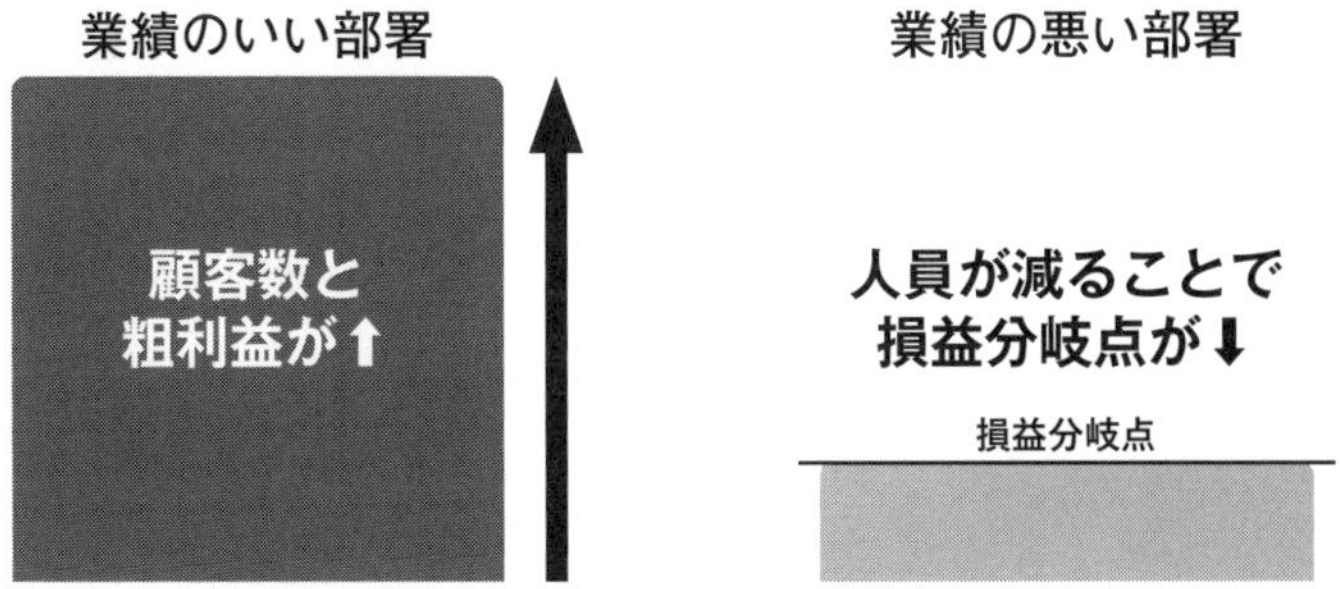

- 業績のいい部署の顧客数と粗利益を伸ばせる。
- 業績の悪い部署の損益分岐点を下げられる。

Point

**好調の部署に人材を投入することで
さらなる利益が生み出せる。**

です。人材育成は時間を要するものが多く、すぐには成果が出ないため、**業績がいいときほど教育に投資をして、「社員教育の量」を増やしておく**ことが大切です。

社員教育は、本来は無形固定資産です。しかし、計るモノサシがないから、全額「経費」になる。利益が出ている会社が社員教育をすると、節税にもなります。

ピンチは、考え方次第でチャンスに変わります。今がどん底でも、**打つ手は無限にあります。**私はこれまで幾多の非常事態に見舞われ、その都度、めいっぱい頭を使い、汗をかいて乗り越えてきました。

その結果、わかったことがあります。それは、

「試練、逆境、失敗、困難、ピンチに耐えた経験は、将来、大きな財産に変わる」

ことです。

やまない雨も、明けない夜もない。だから苦しくても前を向く。歯を食いしばって全力を出し切る。努力して、努力して、努力して、努力する。

組織は非常事態をバネにして、大きく成長する。

今の悩みや苦しみも、いつかは過去のものになります。その苦しみが組織を強くします。

非常時は、社長の方針を明確にする

社長がすみやかに「損」の決定をする

非常時は、平時よりも「社長の決断スピード」が求められます。この難局をどのように乗り切るのか、**方針や方向性をいち早く打ち出す**ことが大切です。

決断のポイントは、大きく「2つ」あります。

①非常時はトップダウンで決定する

②「損の決定」をためらわない

①非常時はトップダウンで決定する

現在の武蔵野は、現場の声で方針が決まるボトムアップの会社です。ですが、非常時は、数人の幹部の意見を聞いてトップダウンで方針を決めています。

非常時はスピードが勝負です。

周囲の意見を聞きながら方針を決めようとすると、時間がかかります。のんびりやった結果、会社が倒産したら元も子もありません。ワンマンと言われても社長が独断で決定し、それを社員に実行させるのが正しいのです。

②「損の決定」をためらわない

非常時に社長が試されているのは、「損の決定ができるかどうか」です。損の決定は、言い換えると、

「お客様のニーズがないものを捨てる」

ことです。

非常事態に見舞われると、さまざまな経営課題が浮き彫りになります。すると社長の多くは、「すべて改善しなければならない」「すべてを解決したい」と考えます。

ですが、私は違います。

経営課題に優先順位をつけて**「もっとも利益を生む可能性があるもの」以外は、捨てる決定**をします。

自社で扱っているサービスが5つあります。

この5つがすべて赤字のとき、5つを黒字にする努力は、経営資源が分散して、どれも中途半端になってしまう。

非常時を乗り切るには、5つの中でもっとも売上のあるサービスを残し、あとの4つを切り捨てるのが（あるいは、縮小か一時停止）最善策です。そうすれば、残るひとつにリソースを集中できるため、解決方法を深掘りできます。

多くの社長は、「この仕事も可能性があるかもしれない」と未練を残す。しかし、未練を断ち切れないでいると、全滅する可能性があります。

自社が提供しているサービスのうち、**お客様の需要がもっとも高いものを見極め、経営資源を集中させる**のがポイントです。

私は、自分が決めた方針を実行させるとき、それによって発生するかもしれない損害に対して全責任を負う覚悟を持っています。

社員が会社に損をさせても、責任を取ることはできない。**責任を取ることができるのは、社長ひとりだけです。**

責任を取れる覚悟のある社長の決定と、覚悟のない社員の意見では、どちらを優先すべきか、言うまでもありません。

「潰れない会社」をつくるために、「実質無借金経営」を目指す

「実質無借金経営」が、会社をもっとも強くする

中小企業が、「何があっても潰れない会社」をつくるための絶対条件は、**「金融機関から融資を受けること」**です。

融資（借金）に対する考え方は、経営者によって違います。武蔵野が目指しているのは、「実質無借金経営」です。

実質無借金経営は、無借金経営とは違います。

◉無借金経営

有利子負債（銀行からの借入れや社債など、利子を支払わなければならない借金）がない経営状態のこと。**借金がなく、「現時点」での経営が安定**している。

【メリット】

- 利子の支払いが経営を圧迫することはない。
- 借金や利子の支払いに追われずに済むため、心理的な重圧がかからない。
- 自己資本の比率が高くなる。

【デメリット】

- 利益があっても、キャッシュフローが悪いと（仕入代金などの支払いと、売った代金の回収のタイミングにズレがある、など）、黒字倒産の可能性がある。
- 手元のキャッシュが少ないと、イレギュラーな問題が起こった場合、資金繰りに行き詰まる。自然災害や世界的な流行病などによる状況の変化や、不況の影響を受けやすい。

・資金が必要になり、銀行からの借入れを検討する場面で、融資の審査に時間がかかる。返済実績のない会社に対し、銀行側は融資に慎重になる（融資を受けられる頃には経営状態が悪化してしまっているリスクも高い）。

◉**実質無借金経営**

有利子負債を抱えているが、それを十分に上回る利益があり、キャッシュ（現金や預金、短期の有価証券など）を保有している経営状態のこと。**借金はあるが、資金繰りが安定し**ている。現時点の経営が安定していると同時に、将来のリスクも少ない。

【メリット】

・有利子負債を完済するだけのキャッシュはあるが、あえて完済しない状態。借りたお金が手元にあっていつでも返せるので、実質的には「借金がない」といえる。
・有利子負債額を差し引いても、運転資金が十分に残っているので、経営が安定する。万一の状態に陥っても、会社を存続できる。
・「借入れ→返済」の実績を積み重ねることで、金融機関との信頼関係が築きやすい。

- 法人税は利子を差し引いたあとの利益に課税されるため、実質無借金経営は節税対策にもなる（利子を支払った分だけ、法人税を減らせる）。
- 資金繰りの心配がなくなるため、本業に集中しやすい。
- 月商の3倍の普通預金を確保しておけば、銀行は「この会社は、支払い能力がある」「この会社はキャッシュポジションがいい（手持ちの現金がたくさんある）」と判断するため、融資を受けやすくなる。

【デメリット】

- 金利が高いと支出額が大きくなり、負担も大きくなる。
- 借金が多くなるほど、心理的な重圧がかかる。
- 自己資本の比率が低くなると、銀行の格付けが下がる。

無借金経営と実質無借金経営を相対的に比べてみると、**「実質無借金経営の会社のほうが非常時に強い」**と、私は考えています。

金利は「保険料」、借入金は「保険金」と考える

武蔵野が金融機関からの借入れを積極的に行っているのは、

「ビジネスチャンスを逃さないため」
「いざというときに備えるため」

です。

会社は、借金があるだけでは倒産しませんが、必要資金が調達できなくなると倒産します。わが社の経営計画書の「資金運用に関する方針」には、次の「2つ」を基本方針に掲げています。

【資金運用に関する方針】※第59期経営計画書から一部抜粋

1・基本

(1)財務体制を充実して、現預金と固定預金の合計で長期借入金を上回り、実質無借金経営にする。

⑵長期借入金を増やし、月商の3倍の現金・普通預金を確保し、緊急支払い能力を高める。金利は会社を潰さない保険料とする。

金利を払って銀行からお金を借りることは、**「安全を買うこと」**です。

長期で借りれば急な変化にも対応できるため、経営が安定します。同じ額の借入れなら、長期のほうが毎月の返済額が少なく、計画的に資金運用できます。

貸借対照表（B／S）を見て経営をしていれば、「銀行から借金をしてでも、現預金を増やしておく必要性」が理解できます。

多くの社長が、「金利」を得か損かの損得勘定だけで見ていますが、私は、

「銀行融資は、会社を守る保険に入るのと同じである」

「金利は、保険料と同じである」

と考えています。

私は、金利と借入金を次のように解釈しています。

- **金利**……会社が困ったときに助けてもらうための保険料
- **借入金**……会社が困ったときに受け取る保険金

わが社は、新型コロナウイルス感染症による緊急事態宣言期間でも、全従業員完全雇用で、給料は「100％保障」。毎年4月に行っている基本給の昇給は、「プラス6％」で実施しました。

コロナ禍によって業績が悪化しても雇用を守り続けられ、それだけでなく給料を上げることもできたのは、銀行から融資を受けてキャッシュを「17億円」持っていたからです。

私は高齢のため、同規模で同業種の会社の倍以上の金利に甘んじています。

それでも、銀行から借入れをすれば会社を立て直す時間をつくることができます。

借入金を設備投資や社員教育に使えば、会社を成長させることができます。

社長の仕事は、無借金経営をすることではありません。

予期せぬ事態に見舞われても、**決して潰れない「強い会社」をつくる**こと。そのための借金は「正しい」と私は考えています。

部分最適ではなく、「全社最適」で考える

自部門の利益だけを考えていては、組織が強くならない

私はかつて、無謀にも「社員の給料20%アップ」を宣言したことがあります。実現したまではよかったが、そのあとがよくなかった。

社員の多くは、上がった自分の給料を維持するために、「部分最適（自部門最適）」で考えるようになり、結果的に会社の業績を落としました。

部分最適とは、全体の中の一部分（自部門）や、個人にとっての最適な状態（＝都合のいい状態）を優先する考え方です。

【部分最適のデメリット】

- 各部門が自分たちの利益にこだわるため、部門間での協力がない。
- お客様に総合的な提案をせず、自部門のサービスしか提案しない。
- 自部門を守るため、他部門に責任を押しつける。
- 組織全体の利益や効率性を考えずに行動する。

非常時でも動じない組織をつくるには、部分最適ではなく、**「全社最適（全体最適）」で考える**べきです。

全社最適とは、組織全体が最適化された状態のことです。社員全員が価値観を共有し、共通の判断基準のもとで業務を行います。そのため、全体最適を達成すれば、業務の効率化、コスト削減、生産性向上などが期待できます。

【全社最適のメリット】

- 人材の適材適所が図られる。

- 情報共有が図られる。データの一元管理が進む。
- 各部門の役割、各自の役割が明確になる。
- どの部門に人的リソースを割り当てればいいのかが明確になる。
- 「同じような業務を複数の部署で行っている」といった無駄がなくなる。
- 社内のコミュニケーションが活発になる。
- ノウハウの横展開が進む。
- 経営方針が全社に徹底される。

本社のコンピュータシステムを刷新する際（2021年）、私が旗振り役に選んだのは、由井《ゆい》英明です。

由井は当時、ライフケア事業本部統括本部長（現役員）として、手腕を発揮していました。営業一筋で、ライフケア事業本部のトップにいる由井を畑違いの管理部門（全社総合管理本部）に移したのは、全社最適で考えたからです。大掛かりなシステムの構築をするにあたって、「由井の調整力とコミュニケーション力が必要である」と判断しました。

わが社は、前述したように、各部門に実行計画をつくらせています。ところが武蔵野は、現場に実行計画の策定を任せると、部分最適になりかねません。現場の声を経営に反映させても、部分最適に偏《かたよ》ることはありません。

その理由は、

「経営計画書の方針を共有するための社員教育を行っている」

「経営方針や会社の価値観を全従業員が共有している」

「人事異動が多いため、セクショナリズム（自分の利益を優先する考え方）が生まれにくい」

「組織横断型の教育制度が充実している」

「小山昇が最終的な決定をくだしている」

からです。

「5年後に売上2倍」の長期事業計画をつくる

社長は「会社の未来」を社員に示す必要がある

貸借対照表が著しく痛んでいる会社を、すぐに立て直すのは難しい。私の経験上、**恒常的な赤字企業が黒字化するには、「5年後に売上2倍」の長期事業計画が必要**です。

武蔵野が、客観情勢の変化に対応できるのも、「5年後に売上2倍」の事業計画を立てているからです。

わが社の経営計画書には、今期から5年後までの計画（事業計画、利益計画、要員計画、装置・設備計画、資金計画）を「長期事業構想書」に明記しています。

長期事業構想書とは、会社の未来設定と、「わが社はこうならなければならない」という社長の決意を示したものです。

今期から5年間の計画を立てたら、「5年間は計画を変更しない」のではありません。自社をとりまく状況は刻々と変化しているため、私は毎年、長期事業構想書を書き換えています。経営環境が変わればすぐに計画を見直し、対策を講じる必要があります。

パートナー会員企業の社長も、毎年書き換えています。会社の指導をはじめて22年間、**倒産した会社はゼロ**です。

時勢を見て、柔軟に計画を変更する。だから武蔵野は、時代に取り残されることがありません。

既存の延長線上に明るい未来はない

「5年後に売上2倍」のためには、毎年15%の売上増が必要です。

この数字を達成するには、「今までの経営」を変えなくては難しい。

今までの経営の先にあるのは、今までと同じ結果です。今までと同じ結果が続く以上、組織は強くなれません。

「5年後に売上2倍」を実現するには、

- 新規事業をはじめる
- 新規顧客を開拓する
- 商圏を開拓する
- 好調の部門に人材を投入する
- M&A（企業の合併・買収）をする
- 不採算部門から撤退する
- DX化を進めて生産性を高める
- 社員教育に力を入れる

など、これまでとは違うやり方を積極的に取り入れる必要があります。

少し頑張れば達成できる計画では、会社は強くならない

「毎年2％の売上増」なら現実的かもしれない。けれど、少し頑張れば達成できるような

計画では、経営体質は変わらない。

「5年後に売上2倍」の長期事業計画があることで、「どうにかしなければ、目標を達成できない」という危機感が生まれます。

今と同じやり方ではできない。

今と同じ考え方ではできない。

今と同じ人ではできない。

だから社員教育をする。

目先の利益にとらわれず、長期的な視点で考える。

将来の危機に対して、今から手を打つ。

5年先を見据えて、経営体質を改善していく。

たとえ今、儲かっていても、5年後、10年後に会社が潰れていては意味がありません。

強い組織をつくるには、「現実的な目標」を立てるのではなく、**「5年後に売上2倍」という目標を立てて、チャレンジ**をする。

このチャレンジが組織を強くします。

利益は社員に還元する。会社に溜め込んではいけない

「業務改善」と「報奨金」をセットにする

「5年後に売上2倍」の長期計画を実現するには、実務を変えなければなりません。

現場の実務を変えるには、社員の協力が必要です。

社員の協力を得るには、**「仕事への意欲が湧く環境」を整える**ことが大切です。「やれ！」「頑張れ」「結果を出せ！」と命じるだけでは、人は動かない。

そのひとつが、「報奨金」（報酬）です。

私は、「業務改善」と「報奨金」をセットで考えています。

「社員の功績に対価で報いる」

「頑張った社員と頑張らなかった社員の差をつける」

のが、わが社のしくみです。

ダスキン部門では、以前、すべてのお客様（約２０００件）に対して、請求書を郵送していました。

郵送すると、切手代、用紙代、プリント代、封筒代などがかかります。送付準備にともなって残業が発生している場合は、残業代もかかります。

そこで、手間とコストを削減するため、請求書をデータ化してメールで送付することにしました。

切り替えにあたって、私は従業員（社員、パート、アルバイト）に、次のような指示を与えました。

「お客様と交渉して、請求書を郵送からメールに切り替える承諾をいただいてください。1か月に20件承諾をいただけたら、１件につき『２０００円』の報奨金を支払います。20件なら４万円です」

「面倒なことはやりたがらない」「新しいことはしたがらない」のが人間の心理です。

ですが、お金がもらえるとなれば、話は別です。

わが社の社員は、「報奨金がもらえる」とわかったとたん、面倒なことでもやりはじめます（笑）。

この面倒なプロジェクトを、しっかり計画を立てて8か月で達成しました。

お金は社員にとって最大の関心事です。お金がなければ、余裕を持った生活はできない。

社員の生活が安定しなければ、会社は強くならない。

だから社長は、**「会社の業績を上げる」ため、そして「社員の生活を守る」ために、「業務改善」と「報奨金」をセットで考える。**頑張った社員には、**労《ねぎら》いの言葉はもちろんのこと、目に見える形（＝報奨金）で応える**ことが大切です。


業務改善が進み、生産性が上がれば、利益が出ます。わが社は、利益を内部留保に回すだけではなく、社員に還元しています。

利益を社員に還元するサイクルは125ページのとおりです。このサイクルを回すことで、組織は成長を続けます。

組織が成長する「利益の社員還元サイクル」

①社員の功績に対価で報いるしくみをつくる

＝職場環境を整える。

↓

②社員が現場の実務を変える

＝業務を改善する。

↓

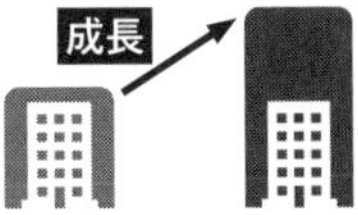

③会社の業績が上がる

↓

④利益を社員に還元する

＝報奨金を出す、目先の収入を増やす。

↓

⑤社員はさらに頑張る

＝実務や業務改善にさらに意欲的に取り組む。

↓

⑥会社の業績がさらに上がる

↓

⑦さらにまた利益を社員に還元する

↓

……

Point

社員の業務改善によって利益が生まれた際には、労いの言葉をかけ、目に見える形で応える。

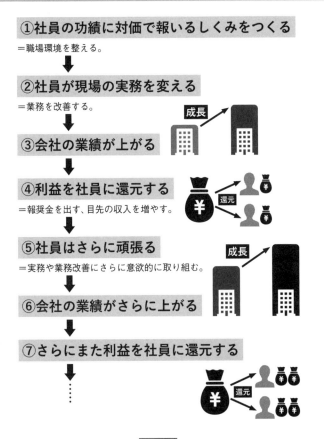

「強い企業のしくみを真似る」のが組織力強化の近道

赤字続きの社長に、会社を黒字化する方法は浮かばない

自分の会社が赤字なら、黒字の会社の真似をすればいい。自分の会社の離職率が高いなら、定着率の高い会社の真似をすればいい。非常時にも動じない強い組織をつくりたいなら、非常時にも動じない強い組織の真似をすればいい。「こうなりたい」と思う会社があるのなら、すでにそうなっている会社（強い会社）をお手本にして、その真似をすればいい。

真似こそ、経営改善の近道です。

独自性のある経営スタイルは、他社の模倣からはじまります。

わが社は、他社の良いところ、習うべきところは積極的に取り入れる会社です。他社の優れたところは徹底して真似をします。**「真似こそ最高の創造」**だと私は考えています。人の真似をしたり、人の考えに従うことは、恥ずかしいことではありません。**真似ができないことが恥ずかしい。**独自性や自分の考えにこだわり、赤字経営を続けるほうがよほど恥ずかしいことです。

赤字の社長ほど、自分の頭で考えようとします。ですが、「考える」という行為は、「経験から得たデータを頭の中から探してくる時間のこと」です。黒字にした経験のない人は、黒字にする方法を考えられない。増収増益の経験がない社長に、「会社を強くする計画」は思いつかない。人は、経験していないことは考えられないからです。

だとすれば、

「増収増益を続けている会社の真似をする」
「赤字から黒字に回復した社長に、業務改善の方法を教えてもらう」
「すでに実績を出している社長に、自分の会社の問題点を指摘してもらう」
「すでに他社で実績が出ている方法を、自社にも取り入れる」

ことが、強い組織をつくる最善策です。

経営は結果がすべてです。独力で頑張って結果を出せない社長より、**「人に聞き、人の真似をしながらでも、結果を出す社長」**のほうが、優秀です。


「他社をお手本にして真似をすること」をわが社では、**「ベンチマーキング」**と呼んでいます。武蔵野のしくみは、100%どこかの真似であり、ベンチマーキングの結果です。自社で考えたものは、ひとつもない。すべて人から教えてもらったものです。

すでに結果を出している人に教えてもらい、そのまま真似をする。成功している人の真似をすれば、その人と同じレベルに上がることができます。

自分の考えをプラスするのはそのあと。真似が完全にできてからです。

他業界の成功事例を、自分の業界に取り入れる

武蔵野の経営指導を受けている中小企業（パートナー会員）は、地域ごとに「地域会」

をつくっています。地域会もまた、ベンチマーキングをうながすしくみです。

【地域会の4つのメリット】

①他業界の成功事例を、自分の業界に取り入れる

武蔵野のパートナー会員制度は「同商圏一業種」が基本です。

同業他社（ライバル会社）をお手本にした場合、どうしても既成の枠組から抜け出すことができないため、ライバル会社との差は縮まりにくい。

一方、地域会では、「他業界では常識でも、自分の業界ではまだ常識になっていないこと」を真似ることができます。他業界でうまくいっていることを、自分の業界で最初に実行することで、会社は大きく変わります。

②同規模の会社が集まっているので、真似をしやすい

従業員数30人の会社であれば、武蔵野のような「従業員数800人の会社」をお手本にするより、「50人規模」の会社のほうが真似をしやすい。地域会には同規模の会社が集まっているために真似しやすく、業務改善が進みます。

③「見られる」ことで成長できる

「他社のベンチマークをする」だけでなく、他企業の社長・社員に自社を見学してもらうことも必要です。

赤字の会社を見てもらうのは恥ずかしい。先輩経営者からダメ出しをされ、無力感を覚えることもあります。それでも、自社をさらけ出す。現状を開示する。

良いところだけを見てもらうのではなく、悪いところも見てもらう。プライドが邪魔をして「教えてください」と言えない社長に、会社を強くすることはできません。

④切磋琢磨できる

「あの会社は業績を伸ばしているから、うちも頑張ろう」「あの社長は頑張っているから、今度あったら秘訣を聞いてみよう」「あの社長に認めてもらえるように、やり方を変えてみよう」など、競い高め合う仲間の存在が、モチベーションにつながります。

第4章

適切な人員配置のために欠かせない人材分析

人事異動を繰り返して、組織を活性化させる

人を動かす回数に比例して、組織は強くなる

普通の会社は、期末や半期の決算期などに人事異動を行いますが、わが社はほぼ毎日、人事異動があります。基本的に3年以上、同じ部署で働くことはありません。

どうして頻繁に人事異動を行うのか。**人を動かし、新しい経験を積ませることで、組織が強くなる**からです。

人事異動を断行すると一時的に現場は混乱します。ですが、組織を活性化させるためには、人事異動によって会社を変化させていくことが重要です。

わが社が人事異動を頻繁に行う理由は、おもに「6つ」です。

【人事異動を頻繁に行う6つの理由】

①組織の欠点が明らかになる
②不正、癒着が防げる
③社員のモチベーションが保てる
④新しい経験をすることで、人が育つ
⑤ダブルキャストが実現する
⑥派閥がなくなる

①組織の欠点が明らかになる

同じ人と同じ仕事を繰り返していると、それが当たり前になってしまい、無理・無駄・ムラに気づかず放置されます。

また、組織に弱点があっても、実力のある社員が担当していると、その社員が弱点をカバーしてしまうため、問題点が隠れてしまいます。

社長が部分最適で考え「結果を出しているから」の理由でいつまでも同じ仕事に就かせ

ておくと、結果的に組織を弱体化させます。

一方、**人が変われば、「違った視点」で仕事や職場を見るため、組織の欠点が浮き彫りになります。**

欠点を見つけて改善することで、抜本的、本質的な改善ができます。

②不正、癒着が防げる

「不正をしよう」と思って入社する社員はひとりもいません。それなのに不正をするのは、「会社のしくみが悪いから」です。

社員の不正は、本人だけでなく、不正できないしくみをつくらなかった社長自身に責任があります。

経理の不正を防ぐには、**同じ人に長く任せない。**定期的に担当者を入れ替える。経理担当者が2人なら、「ひとりは入金担当、ひとりは出金担当」と業務を分けて、2年後、担当を入れ換える。

経理担当を変えなかったために、2億円の不正が発覚した会社もあります。

「売ったお金」と「買ったお金」を分けて考えないと、不正のもとになります。

業者に仕事を発注する社員であれば、担当先を変える。**担当を変えることで、取引先との癒着のリスクを回避**できます。

③社員のモチベーションが保てる

仕事ができる人は、何をやらせてもすぐに習熟する一方で、同じことを続けさせると飽きてしまいます。

彼らのモチベーションを下げないためには、定期的な人事異動が必要です。**仕事ができる人を高速回転・高速異動させると、彼らはさらに成長**します。

私が「課長職」「部長職」を増やしているのも、社員のモチベーションを下げないしくみです。どれだけ頑張って結果を出しても、「一般社員のまま」では、意欲を失います。

わが社は、社員300名中、「係長以上」が180名以上います。「係長」「課長」「部長」の名刺を持てば、本人の責任感が大きく上がります。職責が高ければまわりの評価も高くなりますから、本人も気持ち良く仕事ができます。

わが社には、入社1年目で課長になった社員が5人います。若さは、抜擢しない理由にはなりません。若いことは、ためらう理由でなく、決める理由です。

抜擢してやらせてみる。やらせてみてダメだったら平社員に戻す。

失敗の経験は必ず力に変わります。

④新しい経験をすることで、人が育つ

武蔵野の本部長職は、全員10回以上の異動体験があります。

同じ部署に長くいると、「自分は仕事ができる」と錯覚します。また、過去の体験にしがみつき、変化や失敗を恐れるようになります。

人事異動によって新しい仕事をすれば、必ず失敗します。なぜなら、「やったことがない」から。やったことがないことにチャレンジして、失敗して、同じ失敗をしないように改善する。こうして人は成長します。

人を動かして新しいことに挑戦させる。たとえ成功しなくても、成長はする。失敗は成長の源泉です。**人事異動は、「失敗の体験を増やす」しくみ**です。

⑤ダブルキャストが実現する

「ダブルキャスト」とは、同じ役をこなせる人を2人用意しておくこと。わかりやすくい

人事異動を頻繁に行う6つの理由・まとめ

①組織の欠点が明らかになる

②不正、癒着が防げる

③社員のモチベーションが保てる

④新しい経験をすることで、人が育つ

⑤ダブルキャストが実現する

⑥派閥がなくなる

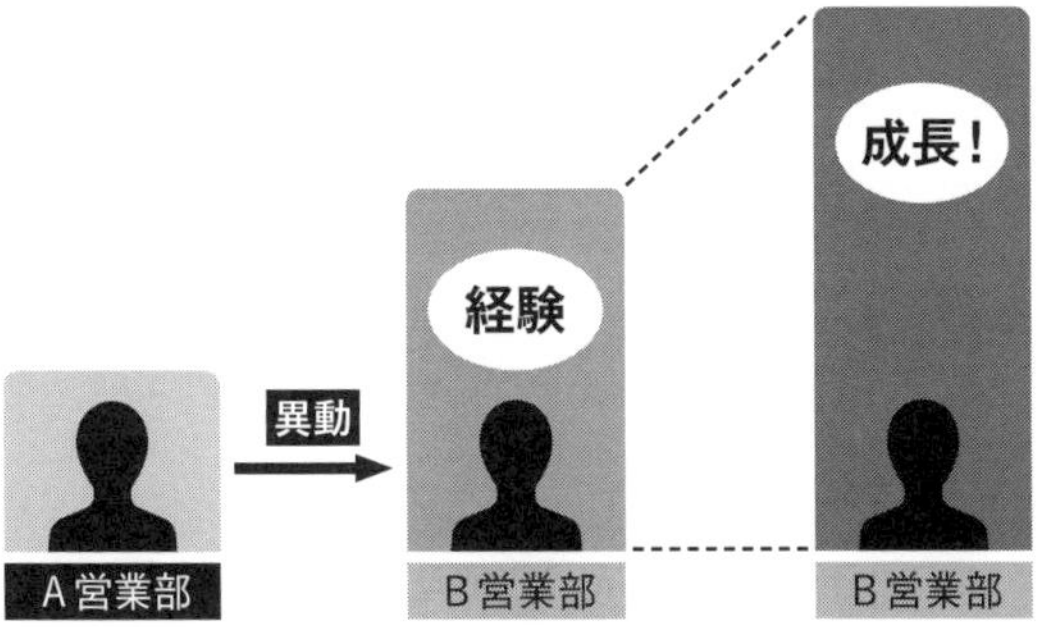

Point

人を動かし、新しい経験を積ませることで、
組織が強くなる。

えば「代役」です。

代役がいれば、滞っている作業に応援を出すこともでき、時間短縮も可能です（武蔵野は現在、一部の仕事ではトリプルキャスト化が実現しています）。

「できる仕事」が増えると、それだけ活躍する場も広がります。

⑥派閥がなくなる

同じ部署に長くいると、「お局様」「ボス」「モンスター・パート」「パワハラ上司」が生まれ、その人を中心に派閥ができます。そしてそのことが、組織に悪影響を及ぼします。

武蔵野に派閥がないのは、上長と部下とのセットの異動をせず、担当の仕事を頻繁に変えているからです。

人事異動を成功させる4つの考え方

「いつ、誰を、どこに配属するか」で組織力は大きく変わる

専務取締役の矢島茂人は、入社10年で9回の異動をしました。武蔵野の全事業に精通し、部分最適でなく全社最適の対応ができています。

わが社の人事異動の基本的な考え方は、次の「4つ」です。

①組織に人を貼り付ける

②職場のナンバーワン、ナンバーツーを動かす（成績の良い人、昇格した人を中心に異動させる）

③同じレベルの社員を組み合わせる

④社員の特性を踏まえて、人材配置する

①組織に人を貼り付ける

組織をつくるときは、**はじめに「理想の組織図」を決めて、あとから人を割り振ります。**

人を見て組織を変えると中途半端になりやすく、大きな変化をもたらすことができません。

部長が3人います。このとき私は、「部長が3人いるから、3つの部にそれぞれ配属しよう」とは考えない。

「5年で売上2倍の組織をつくるには、あるいは、何があっても潰れない会社をつくるには、A部門、B部門、C部門、D部門の4つの部署が必要だ。しかし今、部長は3人しかいない。だとすれば、課長からひとりを部長に昇格させよう。新しい人材を登用すれば、理想に近づける」

と考えます。

「理想の組織図」を思い描き、「理想の組織を実現するには、どのような人材が必要か」を考え、人を異動させる（抜擢する）。こうすることで、組織を大きく変えることが可能です。

人事異動の基本は「組織に人を貼り付ける」

- 部長が３人いる。彼らを３つの部署に配属する。

➡人材に合わせて組織を変えようとすると中途半端な組織になり、大きな変化を起こすことができない。

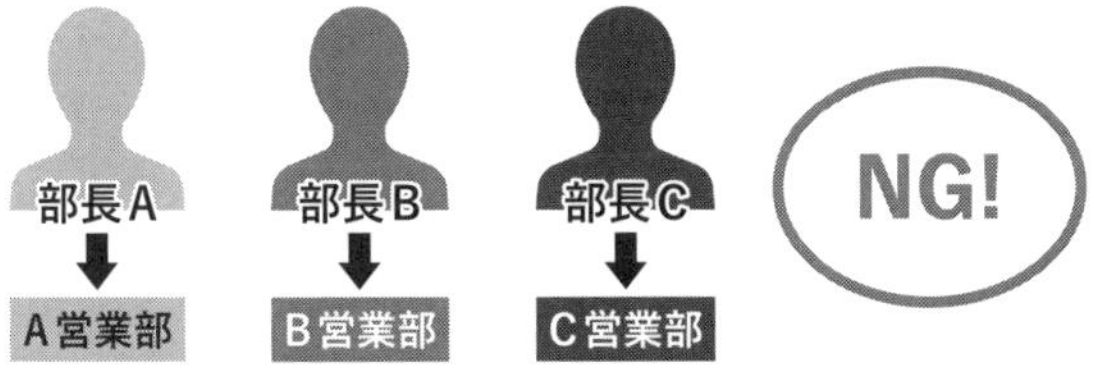

☞だから……

必要な組織を考え、そこに人材を貼り付ける。

- 利益を上げるために４つの部門が必要。しかし部長が３人しかいない。

➡課長からひとりを部長に登用して４部門に貼り付ける。

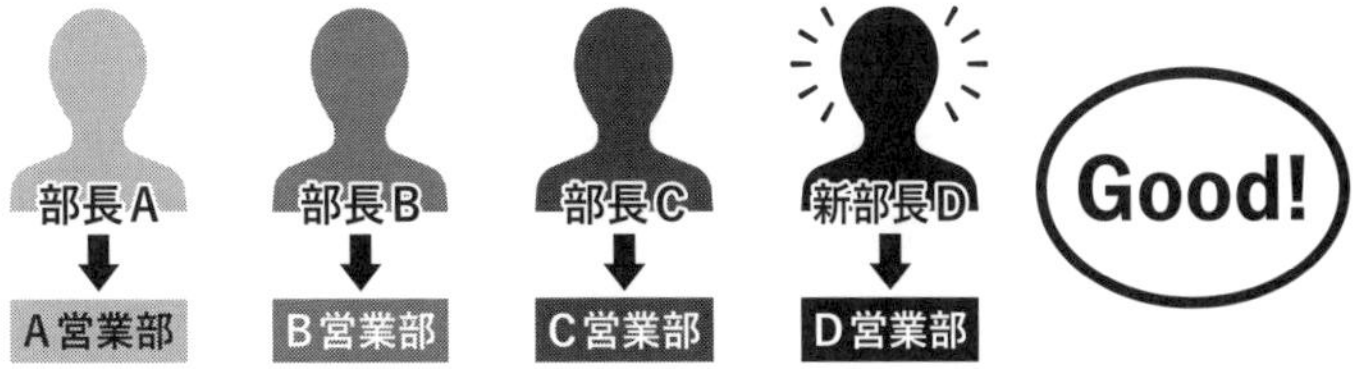

Point

「理想の組織図」を思い描き、理想の組織を実現するためには、どのような人材が必要かを考え、人を異動させる。

人に組織を貼り付けるのではなく**組織に人を貼り付ける**のが、私の組織のつくり方です。

②職場のナンバーワン、ナンバーツーを動かす（成績の良い人、昇格した人を中心に異動させる）

「仕事ができない人」を動かすのではなく、**「仕事ができる人」を頻繁に動かします。**

仕事ができる人を率先して動かす理由は、前述した**「飽きさせないため」**という理由のほかに、

「若手社員や、伸び悩んでいる社員の成長をうながす」

という目的からです。

武蔵野の人事評価は、グループ内の相対評価です（本部長職は絶対評価です）。相対評価とは、グループに属する社員を比較して、評価結果に順位をつける考え方です。

賞与額、昇給額、昇格・昇進はすべて、相対評価の成績によって決定しています。会社の業績が良くても悪くても、必ず順位がつきます。

人事評価が良い「A評価以上の社員」が全体の「25％」。人事評価が良くない「B評価以

成績の良い人材ほど積極的に異動させる

- 「優秀な2割＝A」「平均的な6割＝B」「貢献度の低い2割＝C」の「2・6・2の法則」で組織は構成。
- 人事異動では、その組織のナンバーワン、またはナンバーツーを積極的に動かす。

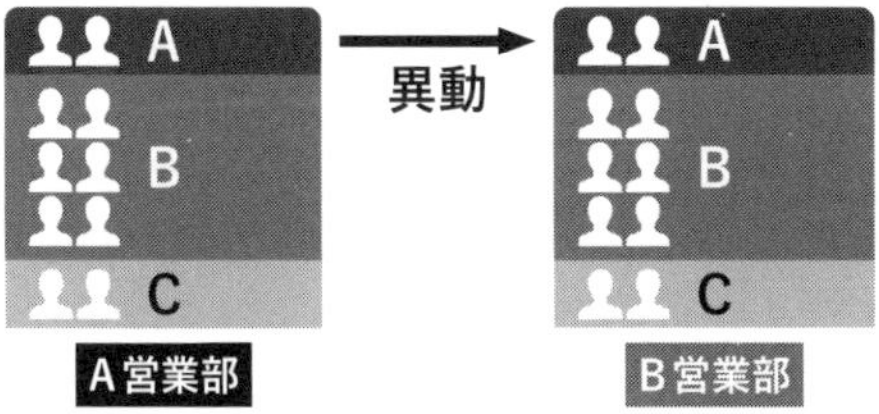

☞すると……

B以下の人材が「Aになれるかも！」と奮起し、結果的に2・6・2の割合に戻る（B・Cに新人を登用）。
➡組織全体が強化！

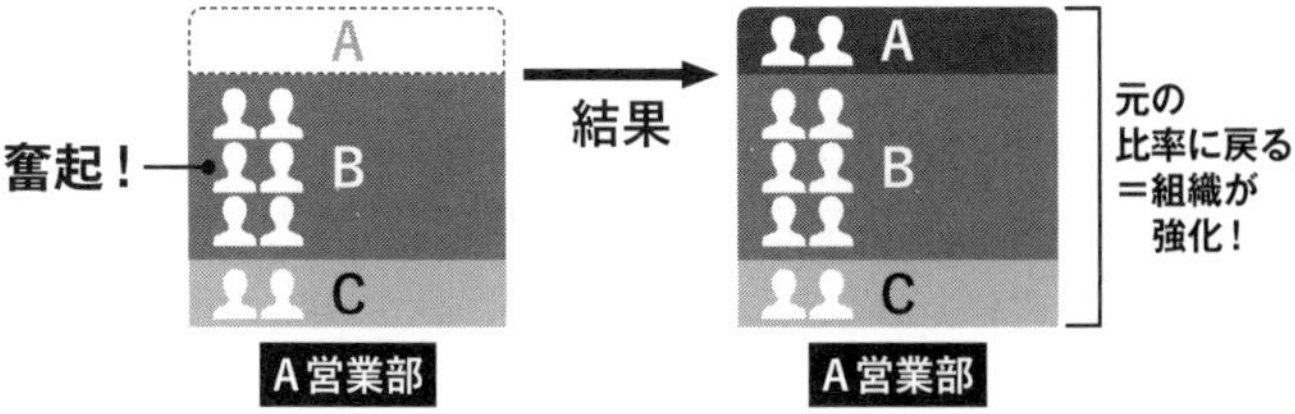

Point

仕事ができる人を飽きさせないために
頻繁に動かすことで、若手社員や
伸び悩んでいる社員の成長もうながす。

下の社員」が全体の「75%」です。

「ナンバーワン、ナンバーツー」あるいは、「A評価以上の社員（成績が良い社員）」を動かすと、どうなるか。

B評価以下の社員が成長して、層の厚い組織になります。

組織は、「優秀な2割」「平均的な6割」「貢献度の低い2割」で構成されると考えられています。「2・6・2の法則」です。

この法則では、上位2割がいなくなっても、残りの8割に優劣が生じて、再び2・6・2の割合に分かれるとされています。今までは平均的、あるいは貢献度が低かった社員（B評価以下の社員）は、上位2割が抜けたことで、「上位に上がれる可能性」が生まれます。上がいなくなれば、「次は自分がA評価を取れるかもしれない」と奮起します。

③同じレベルの社員を組み合わせる

組織を編成するときに、**「誰と、誰を組ませるのか」に配慮**する必要があります。組ませ方を間違えると、組織の生産性が落ちます。

次の2つの組織を比べた場合、どちらが強い組織だと思いますか?

- **組織A……優秀な上司と、それなりの部下からなる組織**
- **組織B……それなりの上司と、それなりの部下からなる組織**

答えは、組織Bです。

多くの社長は、「仕事ができる上司には、仕事ができない部下をつけよう。そうすれば、部下の実力が上がる」と考えます。ですが、この考えは、間違いです。

上司が優秀すぎると、部下はやる気をなくします。「あの上司のようにはできない」「あの上司の指示はレベルが高すぎて、自分には無理」と諦めてしまうからです。自分の実力の低さを痛感し、自信を失います。

同じように、部下の実力が上司より高すぎても、部下のモチベーションは上がりにくい。実力の劣る上司には、実力の勝る部下をマネジメントできないからです(以前の武蔵野では、部下が上司に愛想を尽かして辞めたケースが多くありました）。

上司と部下の実力差がありすぎると、組織は脆弱になります。組織を強くするには、**「同等の力を持っている者同士で組織をつくる」**ことです。

わが社は基本的に、

「仕事ができる上司と、仕事ができる部下」

「仕事がそれなりの上司と、仕事がそれなりの部下」

で組織を構成しています。

組織内に大きな実力差をつくらず、社員の実力を揃える。すると、どちらの組織も結果を出します。これが正しい組織のつくり方です。

④社員の特性を踏まえて、人材配置する

「一所懸命仕事をしているのに結果が残せない」「同じレベルの社員と競わせているのに、力を発揮できない」としたら、

同等の力の者同士が集まると組織が強くなる

- 仕事ができない部下と「できる上司」を組ませると組織は脆弱になる。
- 部下の実力が上司より高くてもいい組織にはならない。

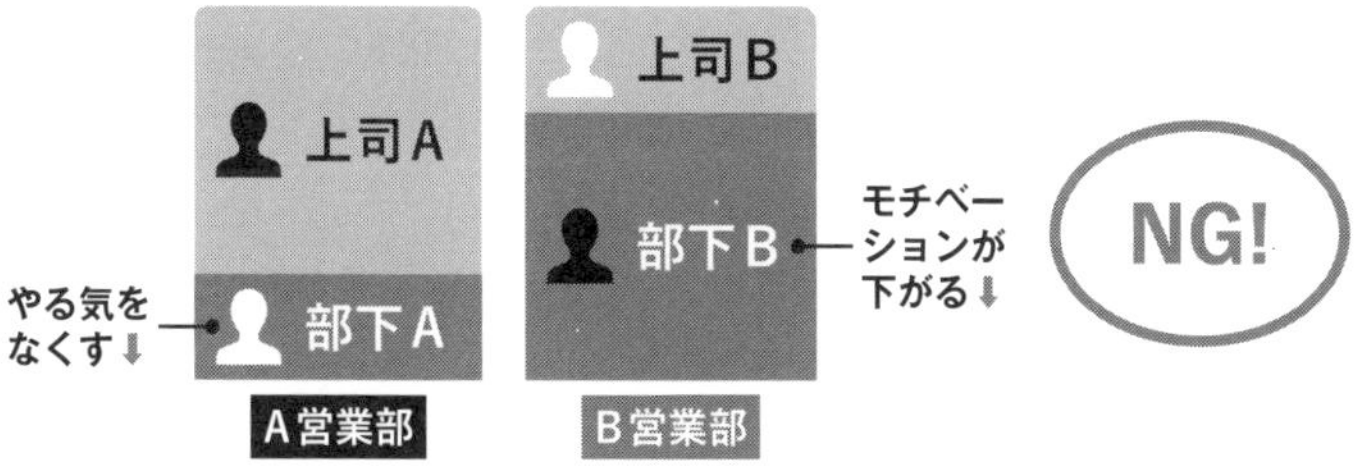

☞だから……

上司と部下が同等の力を持つ者同士で組織をつくる。

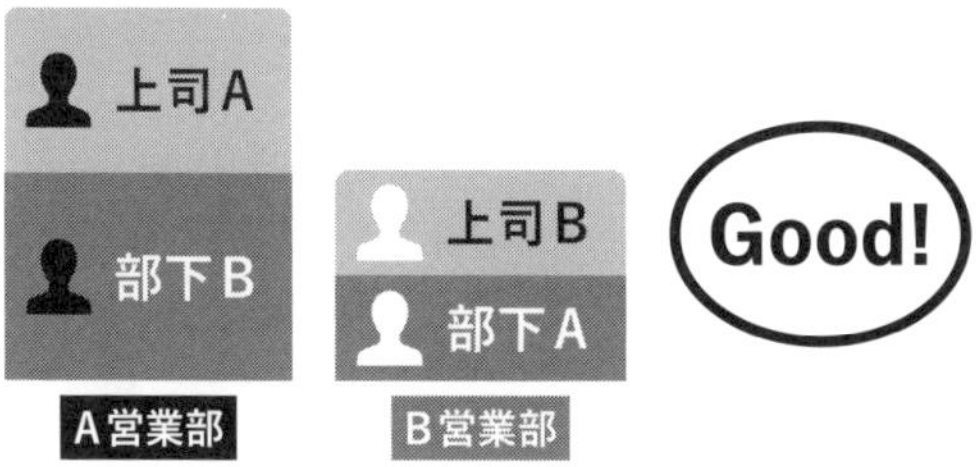

Point

組織内に大きな実力差をつくらず、
社員の実力を揃えることが
正しい組織のつくり方である。

「不得意な仕事をさせている」

ことも原因のひとつです。

単純な仕事ではA評価が取れないが、複雑な仕事に変えたら取れる社員がいます。

最年少で本部長に昇進した海老岡修は、「新しいことに取り組むのは得意」だけれど「計算は苦手」、久保田将敬部長は、「営業センスは抜群」だけれど「決められたことを守るのが苦手」、丹智之部長は、「セールス研修のトレーナーをさせたら右に出る者はいない」けれど、「部下を統括するのは苦手」です。

人には得意・不得意があります。

そこでわが社は、社員の思考特性、行動特性、得意・不得意、向き・不向きを客観的に判断するために、さまざまな分析ツールを活用しています（次項で解説します）。

社員の特性を無視して「苦手なことでも、できるようになれ」と仕事を押し付けたところで、成長は望めない。

人事異動をするときは、**社員の「得意・不得意」といった特性を踏まえた上で動かす**ことが大切です。

将棋のように駒の特性を活かして戦局を有利に進める

分析ツールを導入して社員の特性を可視化する

わが社は、社員の特性、傾向、適性、得意・不得意、問題点などを可視化するため、分析ツールを導入しています。

分析ツールを運用することで、

- 相手の特性に合わせたコミュニケーションができる
- 社員の持ち味に配慮した人材配置ができる
- 部署ごと、業務ごとに必要な人材配置ができる
- 社員のメンタルヘルス（心の健康）を守ることができる

ようになります。また、わが社は社員280名中、51組（退職者を含めると71組）が社内結婚して一緒に仕事をしていて、この15年間で離婚は2組です。

私は、「会社は、将棋に似ている」と考えています。

将棋には、王将《おうしょう》、金将《きんしょう》、銀将《ぎんしょう》、桂馬《けいま》、香車《きょうしゃ》、飛車《ひしゃ》、角行《かくぎょう》、歩《ふ》の8つの駒があります。

「飛車は、縦、横にどこまでも進める」
「角行は、斜めにどこまでも進める」
「金将は、斜め後ろ以外、1マスずつ進める」

など、駒にはそれぞれ特徴（特性、長所）があります。指し手は、駒の特性を活かしながら、戦局を有利に展開していきます。

会社も将棋に似ています。

「どの社員が、どのような長所を持っているか」
「今、どの社員を、どのように動かせばいいのか」

がわかっていなければ、会社を、組織を、強くすることはできません。

ただし、将棋の駒と違って、人の特性は見た目だけでは判断できない。本音を口にするともかぎらない。したがって**分析ツールによる客観的な分析**が必要になります。

【武蔵野が導入しているおもな分析ツール】

◉エナジャイザー……人と組織の活性化を図る適性検査

社員の業務能力、性格、業務適性、価値観など、目に見えない特性を診断できます。また、上司のパワハラ・セクハラ傾向も把握できるため、未然防止の指導も可能です。

◉エマジェネティックス®……人間の思考特性と行動特性を分析するツール

脳科学の理論と統計学をもとにして、人間の思考と行動のスタイルを測定（プロファイリング）するツールです。診断テストの結果から、プロファイル（分析結果）を作成。その人の特性を「4つの思考特性」と「3つの行動特性」で分析します。

プロファイルの違いは、「考え方」「伝え方」「仕事の進め方」の違いとしてあらわれます。

プロファイルを読み解くと、

・その人がどのような考え方をする傾向にあるか
・その人がどのような行動を取ることが多いか
・どのような学習方法を好むか
・新しい状況に対して、どのようにアプローチする可能性が高いか
・人からどう見られ、人にどう反応することが多いか
・何を得意とし、何を不得意としているのか
などが明らかになります。

◉MARCO POLO（マルコポーロ）……性格検査、経営人材特性、最適役割特性、ビジネスセンス、基礎能力などの検査ツール

MARCO POLOは、「双方向」の適合性を分析できるアセスメントツールです。社員のパーソナリティだけでなく、個人と組織の「双方向」から活躍可能性を測定します。ストレス耐性の低さが際立つ社員に対しては、さらに別のツール（HCi-AS）を使って詳細を把握します。

社員の特性を把握することが強い組織づくりの第一歩

人材分析が組織を強くする理由

次に、エマジェネティックス®（以下、ＥＧと表記）を例に、「社員の特性を知ることの必要性」について説明します。

武蔵野は、ＥＧの思考・行動特性、エナジャイザー、MARCO POLOといったツールを組み合わせることで、総合的な人材戦略を行っています。

ここでは、その中のＥＧの思考特性のみを取り上げて、人材分析の大切さをわかりやすく解説していきます。

ＥＧを使うと何がわかるかというと、

「その人が、どのような思考特性をどれくらいの割合で持っているか」を明らかにできます。また、行動特性も可視化できます。

人は誰でも、次の「４つの思考特性」を持っており、どの特性がどれくらいの割合を占めているかは、人によって異なります（詳細は１５５ページ）。


【４つの思考特性】

①分析型……数字やデータにもとづいて、論理的、合理的思考などによって理解を深めるタイプ。

②構造型……計画されたとおりに確実に実行する。予測できる未来を好むタイプ。

③社交型……人との関係性を重視し、人の気持ちを最優先するタイプ。

④コンセプト型……関心や興味がさまざまなことに向き、次々に変化するタイプ。

社員の特性を把握すること（人材分析）が、強い組織づくりの第一歩です。

誰もが持つ4つの思考特性

①分析型	②構造型
• 数字やデータにもとづく論理的な分析によって理解を深める。 • 物事のしくみや仕掛けを見出すのが好き。 • 専門家の研究結果を信頼する。 • メリット・デメリットをしっかり見分ける。 • 根拠を求める。	• 計画どおりに実行する。 • 予測できる未来を好む。 • 現実的。新しいアイデアには慎重になる。 • 方向性が定まっていることを好む。 • マニュアルやガイドラインを求める。

③社交型	④コンセプト型
• 人との関係性を重視する。 • 人の気持ちを最優先する。 • ほかの人をサポートするのが好き。 • グループワークを好む。 • わからないことは、まず人に聞く。	• さまざまなことに関心、興味、注意が向き、次々と変化する。 • 他と違うことを好む。 • 新しいことに挑戦するのが好き。 • 直感的にアイデアが思い浮かぶ。

Point

社員がどの特性に当てはまるかを把握し、組織づくりをすることが大切。

【人材分析が組織を強くする8つの理由】

①社員の適性を伸ばす組織づくり（人事異動）が可能
②それぞれに向いた「仕事の進め方」がわかる
③新規事業の成功率が上がる
④ナンバーワン、ナンバーツーを動かしても、戦力が落ちない
⑤相互補完的な組織をつくることができる
⑥事業計画にふさわしい人材を採用できる
⑦コミュニケーションミスがなくなる
⑧内定離職率、新卒離職率が減る

①社員の適性を伸ばす組織づくり（人事異動）が可能

分析ツールを運用すれば、**社員の適性（得意なこと、向いていること）を伸ばす組織づくり（人事異動）が可能**になります。

「あの人は分析型（分析型の割合が顕著）なので、各種データの収集、管理、分析を任せよう」

「あの人は構造型なので、ルーティンワークを任せよう」

「あの人は社交型なので、営業を任せよう」

「あの人はコンセプト型なので、新事業のプランニングを任せよう」

といったように、社員の特性に合わせて仕事を割り振ることが可能です。

②それぞれに向いた「仕事の進め方」がわかる

社員の特性がわかれば、同じ仕事を任せるときも、**「その社員にもっとも適したやり方」で仕事を進めることができます。**

「新規顧客の獲得」であれば、

「分析型は、どこに、どのようなお客様がいるのか、市場を分析・予想する」

「構造型は、マニュアル・計画を正確につくる」

「社交型は、人と人のつながり（紹介や口コミ）から顧客の獲得を目指す」

「コンセプト型は、今までとは違う新しいアプローチを試す」

といったように、それぞれの型に向いたやり方で結果につなげることができます。

③新規事業の成功率が上がる

新規事業を立ち上げるのであれば、**人や社会に対する関心が強い「社交型」と、新しいことに挑戦するのが好きな「コンセプト型」を中心に**プロジェクトを立ち上げます。

そして、収益が見込めるようになったあとで、**計画を着実に実行する「構造型」と、しくみづくりのできる「分析型」に少しずつ変えていくと、事業を安定化できます。**

④ナンバーワン、ナンバーツーを動かしても、戦力が落ちない

その部署のナンバーワン、ナンバーツーをほかの部署に移しても、抜けたナンバーワン（ナンバーツー）と同じ特性（似た特性）を持つ人をあらたに配置すれば、穴を埋めることができます。**結果を出している人と同じ特性を持つ人のほうが、結果を出しやすい**からです。

反対に、「別の部署に行ったほうがその人の特性が生きる」という理由で人事異動をする場合は、**抜けた人と「異なる特性」を持つ人材を投入すると、組織力が上がる可能性があります。**

⑤相互補完的な組織をつくることができる

「社交的だけれど、分析が苦手な上司」には、「分析が得意な部下」をつけるなど、**違う特性を持つ者同士を組み合わせれば、補完し合う**ことができます。

また、「分析型」「構造型」「社交型」「コンセプト型」のメンバーをそれぞれ集めて組織をつくれば、すべての特性を網羅できるので、相互補完的な関係を築くことが可能です。そして、組織内に4つの思考特性がすべて揃っていると、幅広い角度からアプローチできます。

⑥事業計画にふさわしい人材を採用できる

「会社のIT化を進めるために『論理的な分析が得意な人材』を採用する」「営業に力を入れるために『社交的かつ行動的な人材』を採用する」など、**事業計画にふさわしい人材を採用することも可能**です。

⑦コミュニケーションミスがなくなる

自分の話が相手に理解してもらえないとしたら、その理由のひとつは、**「相手が理解でき**

るように伝えていないから」です。

特性が違う者同士は、コミュニケーションミスが起こりやすい。

そこでわが社は、社員のプロファイルを張り出し、「誰が、どのような特性なのか」をシェアしています。

「誰が、どのような特性か」がわかれば、

「あの人は論理的な思考をするから、数字を使って伝えたほうが理解してもらえる」

「あの人は段取りを重視するから、マニュアルを使って具体的に説明しよう」

「あの人は数字に苦手意識を持っているから、理詰めで説明するより心情的な要素を交えながら話をしてみよう」

といったように、**相手に合わせたコミュニケーションが可能**になります。

⑧内定離職率、新卒離職率が減る

採用の段階から分析ツールを活用して、「武蔵野の考え方を理解している人」「ほかの社員と価値観を合わせることができる人」を見極めているため、**内定離職率、新卒離職率を減らすことができます。**内定者が入社を迷ったり、新卒社員のモチベーションが下がった

人材分析が組織を強くする８つの理由・まとめ

①社員の適性を伸ばす組織づくりが可能

②それぞれに向いた「仕事の進め方」がわかる

③新規事業の成功率が上がる

④ナンバーワン、ナンバーツーを動かしても、
戦力が落ちない

⑤相互補完的な組織をつくることができる

⑥事業計画にふさわしい人材を採用できる

⑦コミュニケーションミスがなくなる

⑧内定離職率、新卒離職率が減る

Point

社員の特性に合わせて仕事を割り振り、
進めさせられるため、結果につながりやすい。

りしたときは、彼らと同じ思考特性を顕性としている社員にフォローさせます。同じ思考特性なら、「どのようにアドバイスをすれば気持ちが前向きになるか」がわかるからです。

株式会社ＥＧＩＪは、ＥＧを繰り返し受講するセミナーや、意識する訓練をするプログラム、社内で訓練をするやり方を学ぶセミナーを提供しています。

ＥＧを正しく活用できると、社内で嫌な奴だと思っていた人が、実は最大の味方であることに気づきます。その人の重視するポイントから見て、会社にとって良かれと思う発言・行動をしているだけであり、その重視するポイントが自分と異なるだけであることに気づきます。全員が、より良き会社にするため、より良き成果を出すために、考え、行動していることに気づきます。そして、**自分にはなかった視点を教えてくれる最高の仲間であることに気づく**ことでしょう。

そうした会社では、社員一人ひとりのポテンシャルが開花し、笑顔が溢れるようになります。儲かったから笑顔が増えたのではなく、**笑顔が増えたから儲かる**のです。

ＥＧを使って、笑顔溢れる組織をつくってください。

第5章

組織が目に見えて変わるマル秘プログラム

組織力強化の実践は「環境整備」を根幹にする

会社が儲かるか儲からないかは、95％「準備」で決まる

武蔵野の「長期事業構想書」には、次のように明記してあります。

「組織力強化の実践は環境整備を根幹にする」

環境整備とは、

「仕事をやりやすくする『環境』を『整』えて『備』える」

ための活動のことです。

仕事がやりやすくなるように社内を「整」える。必要なものをすぐに取り出せるように配置し、仕事に「備」える（準備する）。それが環境整備です。

環境整備は、**「業績を上げる」「組織を強くする」「社員を育てる」ための「準備」**です。会社が儲かるか儲からないかは、95％「準備」で決まります。

具体的には、**「整理」「整頓」「清潔」「礼儀」「規律」の5項目から、仕事をやりやすくする準備を進めます。**

【環境整備の5項目】

①整理……必要なものと不要なものを仕分けし、不要なものを捨てる。
②整頓……ものの置き場所を決める。向きを揃える。
③清潔……決められた場所を磨き込む。
④礼儀……大きな声と笑顔で挨拶をする。
⑤規律……整理・整頓、清潔を守り、決められたことを実行する。

わが社は、「環境整備」を経営の柱として位置付け、経営計画書に方針を明記。毎朝、従業員全員で身のまわりの整理整頓と美化活動を実施しています（環境整備活動はボランティアではなく、就業時間内に行う通常業務です）。

【環境整備に関する方針】※第59期経営計画書から一部抜粋

1・基本

(1) 仕事をやりやすくする環境を整えて備える。
(2) 組織力強化の道具にする。
(3)「形」から入って「心」に至る。「形」ができるようになれば、あとは自然と「心」がついてくる。
(4) 環境整備を通して、職場で働く人の心を通わせ、仕事のやり方・考え方に気づく習慣を身につける。
(5)「整理」「整頓」で、損益分岐点が下がり、経常利益が上がる。
(6) 朝礼終了後、決められた作業を30分行う。時間がずれても全員が実施する。

2・整理

(1)いるものといらないものを明確にし、必要最小限までいらないもの・使わないものをとにかく捨てる。

(2)環境整備点検の前日を捨てる日とする。

3・整頓

(1)ものの整頓

①置き場を決め、名前・数字を付けて管理する。管理責任者を決める。

②向きを揃える。置き方は、平行・水平・垂直とする。

③置き場所は、使用頻度・販売数量に応じて決め、定期的にその位置を見直しする。

④探す時間・戻す時間を減らす。

(2)考え方の整頓

①時間に仕事を付ける。

②売れている部門に人を配置し、売れるものはベテランか成績の良い人が担当する。

③売れている商品を増やす。売れない商品を減らす。売れている順に商品を置く。

(3)情報の整頓
①チェックがしやすい整頓をする。
②基準は定期的に変える。成果によって基準をつくる。一律は行わない。

4・清潔
(1)決められた場所を徹底的に磨き込む。
(2)「トイレ・床・車両」を重点とする。雨の翌日は全車洗車し、作業分担表に実績を記入する。クレーム対応に備える。
(3)クリーン・リフレで除菌をする。

5・礼儀
(1)ハッキリと大きな声で「はい」と返事をする。
(2)目線の高さを合わせて挨拶をする。
(3)大きな声と笑顔で、相手より先に挨拶をする。

6・規律
(1)3分前集合を行動の基本とする。
(2)「整頓」「清潔」を守り、決められたことを実行する。
(3)名前を呼ぶときは「さん」づけにする。

7・チェック・改善
(1)点検チェックシートを使い、毎サイクル、社長が先頭に立ってチェックする。
(2)指摘された項目は改善し、当日の20時までに写真で報告する。
(3)幹部も同行しチェックすることで、社長の姿勢を学ぶ。
(4)直近3回の合計が350点以上の部門には、食事会・懇親会の補助をひとり2000円支給する。翌月から3か月間環境整備の時間は20分にする。

不要なものを捨て(整理)、取りやすさ、戻しやすさを考えて置き方を決め(整頓)、徹底的に掃除をする(清潔)。

規律を守り、整理、整頓、清潔、礼儀(挨拶)を愚直に繰り返すことで、組織は強くな

ります。

環境整備を行うのは「もの」「人」「情報」の3つ

環境整備では、おもに、次の「3つ」の整理整頓を行います。

①「もの」（＝物的環境整備）

不要なものを捨てる。必要なものを数字や色などで定位置管理する。向きを揃えて置く。

②「人」（＝人的環境整備）

返事、笑顔、挨拶を徹底する。社長と社員、社員同士の考え方・価値観を揃える。自社の価値観に合った人材を採用、育成する。

③「情報」（＝情報環境整備）

社員同士のコミュニケーションを促進する。決められた内容（情報）を決められた順番で報告する。ルッカースタジオなどのＩＴツールを活用し、情報の共有を図る。

Photo Up 環境整備

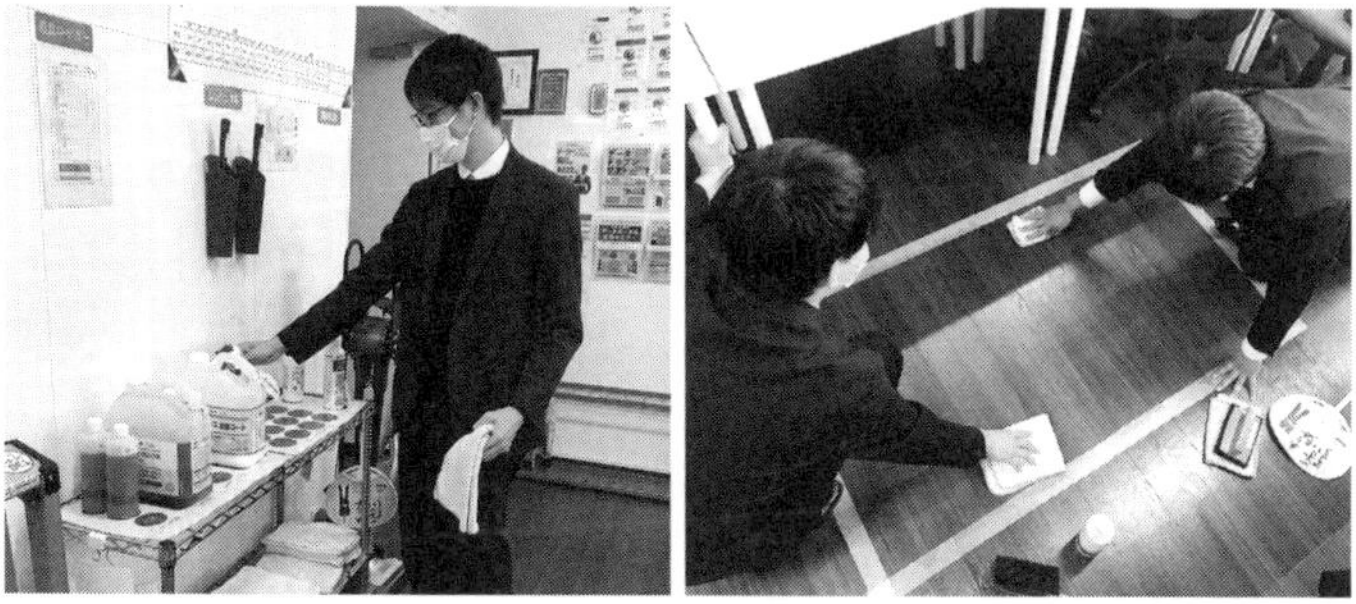

環境整備を実施している様子。決められた場所を決められたとおりに
整理・整頓・清潔にする

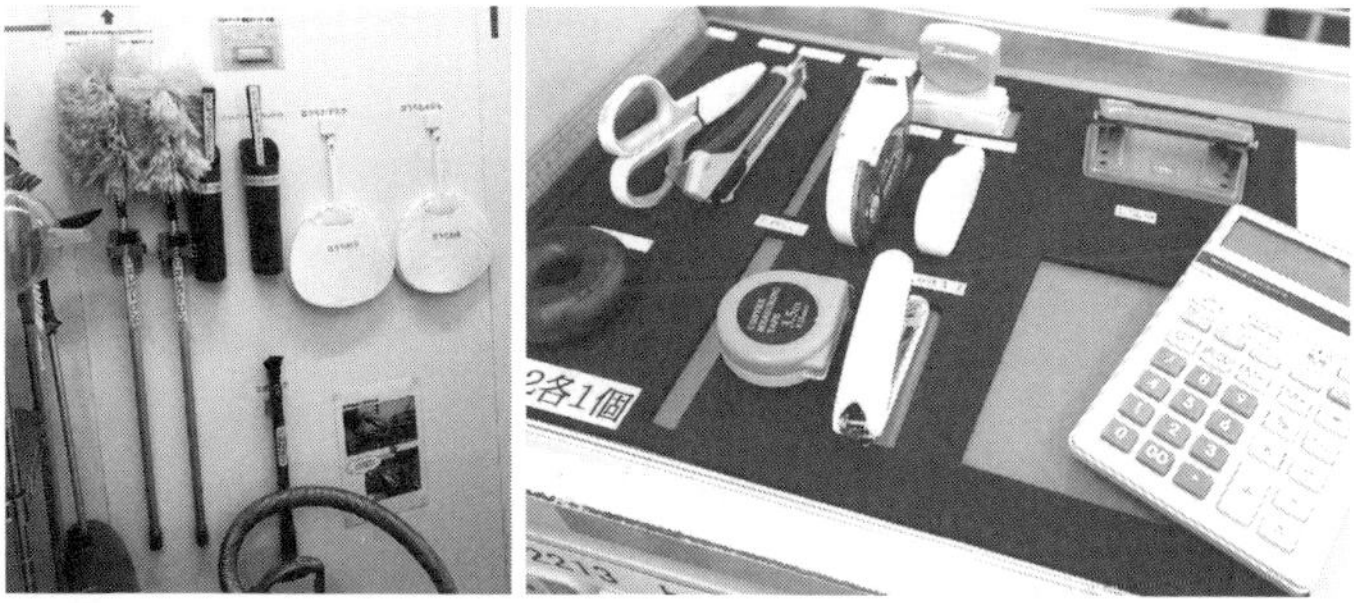

環境整備を行うことで、ものが整理・整頓され、無駄がなくなる

決められた項目にそって整備・整頓されているかを点検する

目に見える「形」から入って「心」にまで至る

心の教育よりも、形の教育を優先する

かつて赤字続きの武蔵野が、「何があっても潰れない会社」に変わることができたのは、**「会社（社長）の価値観を全社員が共有した」**からです。

では、どうすれば価値観を揃えることができるのでしょうか。

価値観という目に見えないもの（＝心）を揃えるには、**「形」という目に見えるものを揃える**のが先決です。

心は目に見えません。だから、いくらでも嘘がつけるし、本心を隠すこともできる。

けれど、形は目に見えます。形は嘘をつきません。だから私は、徹底して「形の教育」

をしています。

そして、**「形の教育」の根幹に据えているのが、環境整備**です。

稽古事、芸事、武道の稽古も、「型（形）」から入ります。あれこれ頭で考えるのではなく、まず模倣する。言われたとおりやってみる。「習うより慣れろ」が、習得の近道です。人に理屈で教えてもらうよりも先に、何度も繰り返し実践して慣れる。実地経験を積むから、理屈や道理が腑《ふ》に落ちます。

仕事も同じです。心より先に形に目を向ける。「どうして、それをやるのか」「どうして、そのようにやるのか」を考えるのは、あとでいい。

決められた場所に、決められた向きでものを置く。色や番号で定位置管理する。整頓を徹底することで、次第に心まで揃いはじめます。

形から入って心に至る。

これが環境整備の本質です。「全社員が、決められたところに、決められたものを置く」

ことができたら、それは「心が揃った」証拠です。

武蔵野の社員は、年齢も、性別も、国籍も、特性も、能力も違います。**百人百様の社員の価値観を揃えるには、「環境整備しかない」**と私は確信しています。

頭の中で整理整頓はできない

新型コロナウイルス感染症の蔓延による緊急事態宣言下では、中小企業の社長の多くが不安に怯《おび》えました。ところが私は、まったく不安を感じなかった。

不安に怯えるのは、問題を「頭の中」で解決・解消しようとするからです。

私は**「頭の中で整理整頓はできない」**と考えています。なぜなら、頭の中は制限がないため、100個でも200個でも、次々と、同時に、不安を抱えてしまうからです。ひとつの不安だけでは終わらず、あれも心配これも心配と、どんどん不安が膨らみます。

私が不安にならないのは、「頭の中だけでは不安を解消できない」ことを理解した上で、「アウトプット」を心がけているからです。

「アウトプット」とは、

「現場に出ること」

「行動に移すこと」

「目に見える形にあらわすこと」

「形にすること」

「体を動かすこと」

です。

アウトプットをする場合、「頭の中」と違って、「ひとつのこと」しかできない。優先順位の高いこと、緊急性の高いことなど、「そのときにできること」に集中すればいいので、悩まずに済みます。

掃除をするだけで本当に業績は上がるのか？

環境整備と掃除は似ていて非なるもの

わが社は、朝礼終了後、毎朝30分、全社員が掃除をします（就業時間内の作業なので、当然、給料が支払われます）。

窓を拭く、トイレ掃除をする、床のワックスをかけ直すなど、「今日、この社員は、ここを掃除する」と分担を決めて、とことん磨き込みます。

中小企業の社長の中には、

「掃除をするだけで社員が成長するわけがない」

「『掃除をすると業績が良くなる』というからやってみたが、何も変わらなかった」

「掃除で会社が良くなるなんて、精神論にすぎない」

と否定的、批判的にとらえている人がいます。


私も、同感です。

掃除をしたからといって、それだけで業績は上がらない。

会社をピカピカに磨いたからといって、それだけで社員は成長しない。


それなのにどうして、武蔵野は掃除を続けるのか。

わが社が毎朝の掃除を義務付けているのは、

「掃除と環境整備では、目的が違う」

「掃除と環境整備では、本質的にはまったく違う」

からです。

環境整備が組織力強化につながる理由

掃除の目的は、一般的に、

「掃いたり、拭いたりして、ゴミやホコリ、汚れなどを取り去って、社内をキレイに保つこと」

です。環境整備でも掃除をするので、はたから見ると、掃除と同じに見えるかもしれません。

ですが、社内美化としての取り組み（掃除）は、あくまでも手段にすぎず、目的ではありません。

環境整備の目的は、社内をキレイに保つこと以上に、

「組織を強くする」

ことです。

環境整備によって組織が強くなる理由は、おもに次の「8つ」です。

【環境整備が組織力強化につながる8つの理由】

①「やるべき仕事」「やらなくていい仕事」が明らかになる
②在庫が減り、資金繰りが改善する
③損益分岐点が下がる
④社員の感性が磨かれる
⑤社長（幹部）の指示をすぐに実行する組織ができる
⑥PDCAサイクルを回すトレーニングになる
⑦社内のコミュニケーションがスムーズになる
⑧情報共有が進む

①「やるべき仕事」「やらなくていい仕事」が明らかになる

「不要なものを捨てる」という経験（＝整理）を習慣にすると、「もの」だけではなく、**「情報」や「仕事」の無駄にも気づける**ようになります。

「捨てる」とは、言い換えると、選択肢の中から優先順位をつけ、「やらなくていいこと」「やる必要のないこと」を決め、手放すことです。

あれもこれもそれも手を出していると、リソースが分散されて、すべてが中途半端になってしまいます。

「やらないこと」は、潔く捨てる（あるいは縮小する）。

そして、「やっていること」「すでに成果が出ていること」にエネルギーを集中したほうが、生産性は上がります。

②在庫が減り、資金繰りが改善する

貸借対照表では、在庫は「資産の部」に入ります。しかし、不良在庫は資産ではなく、会社を死に至らしめる**「死」産**です。

多くの社長が「そのうち、売れるかもしれない」「在庫がなくなったら販売機会を失う」「商品在庫がたくさんあったほうが売上は上がる」と考え、在庫をたくさん持とうとします。ですが、倉庫で何年もホコリをかぶっている商品を資産と考えてはいけない。

倉庫に眠ったままの「不良在庫」をため込むと、余計な資金と維持費がかかり、資金繰りを圧迫する危険があります。

倉庫にあるのは、売れないからです。

売れる商品は、「仕入れる→すぐに売れる」ため、不良在庫にはなりません。在庫管理の基本は、

- **「売れているものを仕入れ、売れない商品は仕入れない」**
- **「厳しく管理、チェック、棚卸をして在庫の金額を増やさない」**
- **「半年以上経過して売れない商品は、処分する（値引きして売るか、捨てる）」**

ことです。

③損益分岐点が下がる

整理・整頓をして「不要なものを捨てる」「必要なものの定位置管理、定数管理を徹底する」ことで、**ものを探す時間や移動する時間が減ります**。

動きに無駄がなくなれば、残業時間が減り、損益分岐点も下がります。

④社員の感性が磨かれる

環境整備は、**感性を磨くのに最適な実地教育**です。

環境整備でひとりが担当するのは、「新聞紙1枚分くらい」の狭いスペースです。

狭いスペースを毎日、徹底的に磨いていれば、「今日はいつもよりちょっと汚れている」「昨日はなかった傷がついた」と、些細な変化に気づくようになります。

この気づきの力、察する力が「感性」です。

仕事で結果を出すには、**お客様や一緒に働く仲間の心の状態を「察する」**ことが大切です。

豊かな感性があれば、「お客様や仲間が、今、何を考えているのか、何を求めているのか」を察することができます。小さなサインを見逃さず、相手が本当に望んでいることがわかります。

「目に見えるもの」に気づかないかぎり、「目に見えない人の心」に気づくことはできません。

⑤社長（幹部）の指示をすぐに実行する組織ができる

環境整備は、社員にとって「面倒なこと」「嫌なこと」「やりたくないこと」です。

それでも社員は、「それが業務のひとつだから」「環境整備の手を抜くと、人事評価が下がるから」（環境整備は人事評価に連動しています）という理由で、嫌々ながらしかたなく、ものを捨て、置き方を揃え、掃除をします。

私は、

「面倒なこと、嫌なこと、やりたくないことをやるからこそ、人は素直になれる」

「面倒なこと、嫌なこと、やりたくないことをやらせるからこそ、組織は強くなる」

と考えています。

社員は、「社長に言われたことをやる」「会社の指示に従う」のが基本です。

会社に必要な人材とは、

「個人の好き嫌いにとらわれず、会社（社長）の方針をすぐに実行できる人」
「命じられたことに対して、すぐに実行する人」
「決められたことを決められたとおりできる人」

です。

もちろん、社員の自主性を重んじることも大切です。しかし、わが社の社員は自分に甘いので、社員の「好きなこと」ばかりやらせていたら、会社の業績は上がらない。

社員の自主性に任せて「やらない」のと、自主性に期待せず「やらせる」のとでは、後者のほうが圧倒的に改善が進みます。

会社の存続を揺るがすピンチに直面したとき、一丸となって社長の指示どおりに動くことができなければ、しのぐことは難しい。


環境整備を義務付け、社員に「嫌なことでも、やらなければいけない」という経験を積ませる。すると、「社長や幹部、上司の指示に従うことが、一般社員の役割である」ことに気づきます。

その結果として、**「社長の決定を迅速に実行する組織」**ができ上がります。

⑥PDCAサイクルを回すトレーニングになる

中小企業が強くなるためには、「PDCAサイクル」(Plan-Do-Check-Action) を回さなければなりません。

整理・整頓・清潔が定着した職場で仕事をすると、「効率」と「改善」を常に意識するため、ＰＤＣＡサイクルが回ります。

【ＰＤＣＡサイクル】

- **Ｐ（プラン）**…………仮説を立てて「計画」する。
- **Ｄ（ドゥ）**……………仮説をもとに、計画どおりに「実行」する。
- **Ｃ（チェック）**………仮説どおりの結果が出たかを「検証」する。
- **Ａ（アクション）**……検証の結果、仮説どおりなら「継続」する。仮説と違っていれば、「改善する」（新しい計画をつくり直す）

環境整備は、「ＰＤＣＡサイクルを回すしくみ」でもあります。

環境整備では、「毎日、誰がどこを掃除するか」を決めて実行します。分担場所は、ローテーションで変えます。

そして４週に一度、全営業所、全支店を対象に「環境整備点検」を実施。私と幹部社員が環境整備点検シートを使って、「環境整備が行き届いているか」をチェックします。

チェック項目数は、全部で21項目。「掲示物は水平で角（4か所）がきちんと止められている」「文房具の向きが同じ」「テリトリー地図に実績が記入されている」など、「目に見える形」に重点を置いてチェックします。

環境整備点検シートには、項目ごとに「評価」の欄が設けられていて、「○」か「×」を判断し、チェックをします。「△」はありません。

「×」がつけられた項目は、「Do」が間違っていたことがわかります。

すると、チェックをされた側は、「どうして○がもらえなかったのか」を検証し、「どうすれば○がもらえるのか」を考え、改善に取り組みます。

環境整備点検時の点数は、賞与に直結しています（社員だけでなく、パート、アルバイトも賞与に連動）。点検の結果によっては、賞与の額が大きく変わります。環境整備をやらない社員がいたら、まわりはやらせようとする。なぜなら、その社員がやってくれないと、自分の賞与まで下がってしまうからです。

点数は、部門全員の人事評価に反映されます。環境整備の点数が悪くてA評価が取れな

環境整備におけるPDCAサイクル

PDCA

①P（プラン）

- 「作業計画表」と「テリトリー地図」を張り出し、担当区分と担当者を提示する。

②D（ドゥ）

- 毎朝30分間、各自が決められたテリトリーを掃除（整理・整頓・清潔）する。

③C（チェック）

- 4週に一度、私と幹部社員が、全営業所、全支店を対象に「環境整備点検」を行う。
- 点検に使う「環境整備点検シート」には、項目ごとに「評価」の欄を設定。評価者は、○×を判断しながらチェック。

④A（アクション）

- 「×」がついた項目は、「Do」が間違っていたことがわかるので、社員は「どうして○がもらえなかったのか」を検証し、次回に活かす。
- 指摘された項目は改善し、当日の20時までに写真で報告する。

Point

環境整備でも、計画を立て、実行し、検証して改善することを繰り返し行う。

かったり、逆に、C・D評価になって更迭された社員は数えきれません。

環境整備点検は「120点満点」です。直近3回の合計得点が「350点」以上の部門には、食事会・懇親会の補助をひとり2000円支給します（翌月から3か月間、環境整備の時間を20分間に短縮）。3回連続「95点以下」の責任者は更迭です。

また、環境整備点検は、**社長が現場の情報を吸い上げる機会**でもあります。

社長自身が現場に出て行き、現場の話をヒアリングする。実行計画の進捗状況を確認する（各部門に実行計画表が張り出されている）。決められたことを決められたとおりに実行しているかを確認する。

私は**「真実は現場にしかない」を持論とし、「現実・現場の目線で考え、経営判断をくだす」**ことを心がけています。

⑦社内のコミュニケーションがスムーズになる

小学校でも、中学校でも、「掃除は黙ってするべき」と教えられました。

しかし、わが社の朝の掃除は、**「おしゃべりしながら」**が基本です。

業務時間中にやるので環境整備は立派な「仕事」ですが、手さえ止めなければ、おしゃべりしてもかまわない。

中身は、無駄話でもいい。**普段から無駄話ができる関係をつくる**ことが大事です。


武蔵野は、「コミュニケーションは回数が重要」の共通認識があります。回数を積み重ねる施策のひとつが、環境整備です。

毎朝、掃除をしながら無駄話をする。たわいない会話を交わす。

そうすることで、同じ職場で働く仲間との心理的な距離が近くなります。


社員間のコミュニケーション次第で、業績は良くも悪くもなります。

コミュニケーションが取れていない職場は、いわゆる「ホウレンソウ」（報告・連絡・相談）ができていないから、ミスが起きやすい。

一方、コミュニケーションエラーがなくなると、

「社員の定着率が向上する」（人間関係の悪化による離職率が下がる）

「社員同士の相互理解が進む」

「組織間の情報共有が図られる」

「社員が協力して業務に取り組むため、生産性が上がる」

といったように、組織力が強くなります。

⑧情報共有が進む

世の中には、

「苦労して身につけた知識やノウハウを人に教えたくない」

「成功の秘訣を教えると、自分が優位に立てなくなるので黙っていたい」

と考える人がいます。


ですがわが社の社員は、オープンです。

環境整備を徹底したことで、

「仕事で得た情報やノウハウは、組織全体のもの」

という考え方に統一されています。

武蔵野が環境整備に取り組みはじめたとき、最初にしたのは、「デスクの引き出しの中に入っているものを捨てさせる」ことでした。

書類にかぎっては、自宅に持ち帰ることを許可しましたが、ひとりの例外もなく、市の焼却炉の煙になりました（現在は、引き出しのないデスクを社員が共用）。

「デスクの引き出しに鍵を掛ける」のは、「この中にあるものは自分のものだ」と考えているからです。ですが実際は、備品も書類も「会社から預かっているもの」です。個人の所有物ではありません。

環境整備を徹底すると、**自分が持っている情報も、備品も、身につけたノウハウも「組織の財産である」「全員で共有すべきである」ことに気づける**ようになります。

武蔵野は、市場の変化に即時対応できる「データ主導型」の組織づくりを目指して、2019年から、データドリブン経営へ舵を切っています。

データドリブン経営とは、

「収集したデータを管理・整理・分析・共有して、会社を動かす経営手法」

のことです。
データ主導の経営をするには、
・**大切な情報とそうでない情報を見分ける「整理力」**
・**情報の置き場所を決める「整頓力」**
が必要です。

データドリブン経営が実現しているのは、**環境整備によって、「整理」と「整頓」の力が社員の間に育っている**からです。

環境整備が組織力強化につながる8つの理由・まとめ

①「やるべき仕事」「やらなくていい仕事」が明らかになる

②在庫が減り、資金繰りが改善する

③損益分岐点が下がる

④社員の感性が磨かれる

⑤社長（幹部）の指示をすぐに実行する組織ができる

⑥PDCAサイクルを回すトレーニングになる

⑦社内のコミュニケーションがスムーズになる

⑧情報共有が進む

Point

環境整備によって、
「整理」と「整頓」の力が社員の間に育つ。

成果がないものはやめて、成果が出るものに注力する

お祭りに環境整備を導入した結果、来場者数が激増

武蔵野は、「東小金井南口商店会の托鉢《たくはつ》、夏祭り、クリスマスフェスティバルに積極的に協力する」ことが会社の方針であり、経営計画書（社会貢献に関する方針）に明記されています。

私たちが夏祭り「ヒガコ・サマーフェスティバル」にはじめて参加したのは、1991年頃です。

ところが、当時は手伝いもせずに酒盛り三昧。そして、大暴れ。商店会に多大な迷惑を

かけて、その後、10年間は「お祭りの最中はお酒を飲まない」と、襟《えり》を正したのです。

2006年からは、運営の中軸としてお祭りに携わっています。会場の設営、模擬店の運営、会場警備、お祭り翌日の撤収作業を担当しています。


全国的に地域のお祭りが衰退する中、ヒガコ・サマーフェスティバルは、毎夏、たくさんのお客様で賑わっています。

ひと頃は「3日で1000人程度」だった来場者が、現在では、「1日2万人以上」が訪れるようになりました。

ヒガコ・サマーフェスティバルに人出が戻った要因のひとつが、「環境整備」による運営の改善です。


【お祭りにおける環境整備の一例】

- **整理**……「やらないこと」を捨て、「やるべきこと」にリソースを集中。いるものといらないものを明確にし、いらないもの、使わないものを必要最小限まで捨てる。
- **整頓**……売れている商品を増やす。売れない商品を減らす。売れている順に商品を置く。

「イカ焼き」は焼き上がるのに時間がかかるのでやめる。

「焼きそば」は東小金井駅でナンバーワンの中華料理店「宝華」にお願いしてやめる。

そのかわり、焼き鳥の機械を7台増やす。ただし機械は増やすが種類（部位）は増やさない。1種類に絞って効率良く、手際良く焼く。

「綿あめ」と「かき氷」は子どもたちに人気があったので、機械を7台に増やす。機械を増やしても、お客様が並ぶ列の数は増やさない。列を多くするとかえって満足度が低くなるので、2列に並ばせる。

- **清潔**……ポイ捨てゴミなどが出ないように掃除に配慮する。お祭り終了後はすみやかに撤収し、原状回復させる。
- **礼儀**……明るい笑顔でハキハキ接客する。
- **規律**……運営マニュアルに沿って、正しく準備、運営、撤収をする。

成果がないものはやめて、成果が出るものに注力する。売れている商品を増やし、売れない商品を減らす。

お祭りも経営も、考え方は同じです。

Photo Up ヒガコ・サマーフェスティバル

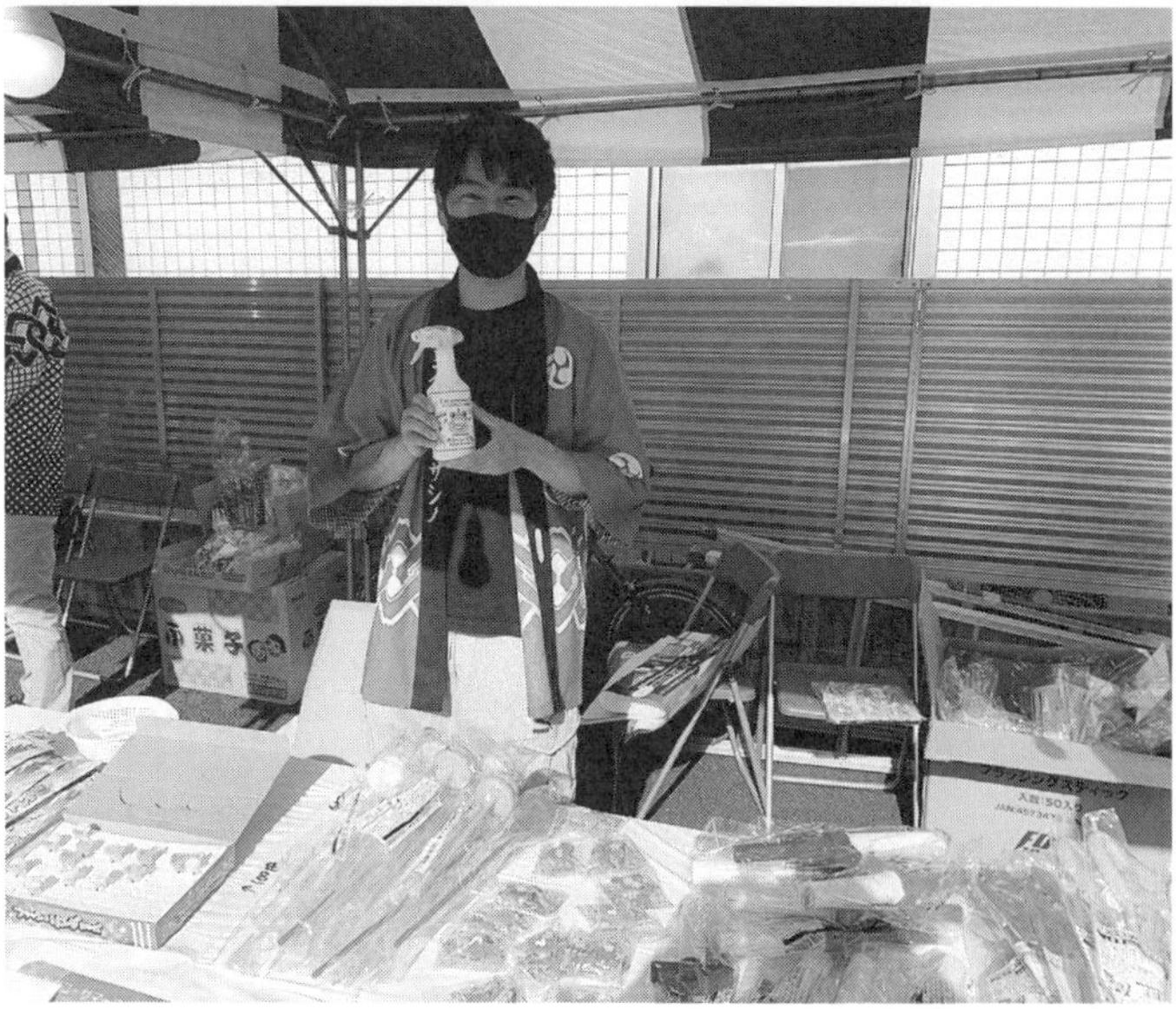

「ヒガコ・サマーフェスティバル」の様子。環境整備によって運営が改善され、賑わいを見せるようになった(上はコロナ禍前)

武蔵野はなぜ、「朝一番の掃除」をはじめたのか？

一倉定先生の教えを取り入れ、「環境整備」をはじめる

人材を鍛え、組織を改善し、高収益体質をつくる上で、環境整備ほど効果的なしくみはありません。

わが社が環境整備を開始したのは、私が社長に就任する前の1987年です。

当時の武蔵野は、いつ潰れてもおかしくないほど「弱い組織」でした。

強いのは、腕っぷしだけ。幹部の3分の1は元暴走族でした。

社員はみな覇気がない。不正もするし、暴力も振るう。仕事のやる気は見せないのに、悪知恵を働かせるときは、やる気を出す。ライバル会社の営業車を見つければ、タイヤに

イタズラをする。前後左右をわが社の車で取り囲んで、動けなくする。

武蔵野は、「お掃除用品・お掃除サービス」を提供する会社です。それなのに、当時の武蔵野の本社は、目を疑うほど汚れていました。

お客様には、「ダスキン製品は、とても便利ですよ」とセールストークをしているのに、自分では使わない。普段、掃除をしたこともない（する気もない）。昭和ヤンキーのトレードマークである「剃り込み」の仕上がりは気にするけれど、会社が汚れていてもいっさい気にしない、そんな人材ばかりでした。

傍目には、ダスキンの会社にはとても見えなかったはずです。

「いっそのこと、問題のある社員は解雇したほうがいいのではないか（解雇権の濫用とされない正当な理由がある場合）」とも考えましたが、現実的にそれはできませんでした。

「大量解雇をしたら、社内は混乱する」

「お客様に迷惑をかけることになる」

「新規採用したところで、やる気のある社員が入ってくるとはかぎらない」

からです。

社員を解雇しても、残しても、問題はなくならない。なぜなら、「問題をなくし、改善するしくみ」が武蔵野にはなかったからです。

社員が私の言うことを聞かなかったのは、「社長と社員の考え（価値観）を揃えるしくみ」がなかったからです。

では、どうすれば、社員はやる気を出すようになるのか。

どうすれば、社長と社員の価値観が揃うようになるのか。

行き着いた答えは、

「掃除をすること」

でした。

掃除を選んだのは、

「社歴、学歴、能力に関係なく、やる気さえあれば、誰でもできる」

「元暴走族も、大卒も、全社員が同じ土俵の上で、平等にできる」

「業界で一番、整理・整頓・清潔の行き届いた会社になれば、社員の自信になる」と考えたからです。

そして、経営コンサルタントの第一人者、故・一倉定先生から「環境整備」という概念を教えていただき、見よう見まねで「毎朝の掃除」をはじめたのです。

かつて武蔵野の環境整備は、ママゴトだった

荒れ放題の社内は少しずつ整理・整頓され、それに比例して会社は変わりはじめました。

環境整備の成果は、目に見えます。努力が目に見える成果としてあらわれます。やればやるだけ成果につながるため、社員はやる気を出すようになりました。

社員の質も、社員の気持ちも、周囲の見る目も変わってきた。売上も伸びてきた。会社が変わった実感もあった。

ところが、環境整備に力を入れはじめて半年ほど経ったとき、一倉定先生のもとで一緒に勉強していた株式会社平林（当時）の平林直樹社長（故人）の指摘をきっかけに、私は自分の甘さを思い知ることになります。

「小山さん、武蔵野のやっている環境整備は、ママゴトだね」

私は内心、「ママゴトだって？　ふざけんじゃねえぞ」と腹を立てながらも（笑）、「平林さんの工場を見学させてほしい」と頭を下げました。

幹部社員ひとりを連れて、長野県にある平林の工場を見学。工場に入ったとたん、私は衝撃を受けました。言葉を失いました。目を疑いました。

平林は製造業です。それなのに、油汚れがひとつもない。機械油で手や作業着が汚れることもない。床はピカピカ。日本を代表するハイテク企業から、「平林の製品は検品する必要がない」とまで高く評価されていたのです。

平林に比べたら、武蔵野の環境整備は、たしかに「ママゴト」でした。

3週間のブラジル出張を「当日キャンセル」した理由

工場見学の翌朝、私は、約3週間のブラジル視察のため、成田空港に向かっていました。

ところが、平林で見た光景が頭から離れない。
「ママゴトをこのまま続けるのか」
「会社を3週間も留守にしていいのか」
「今、社長としてやるべきことは、環境整備の見直しではないか」

私は、会社に戻ることに決め、成田空港に着くとすぐ、セミナー主催者に「大クレームが発生して（嘘）行けなくなったので、キャンセルさせてほしい」と申し出たのです。出発当日の取り消しですから、セミナー代金「90万円」は全額支払うことになります。それでも、3週間待つことは私にはできなかった。成田空港から幹部社員に、「夜7時に社員を全員集合させろ」と指示を出し、急ぎ会社に戻りました。

この日から、武蔵野の環境整備は変わりました。「環境整備と掃除は違う」ことを、社員が、何より私自身が明確に意識するようになったのです。

私が経営用語集『仕事ができる人の心得』（CCCメディアハウス）をつくったのも、「経営計画資料」（人員・資産・資金・情報・時間をどのように活用するかを数字であらわした管理資料）をつくったのも、平林社長の真似です。

社長就任当初、武蔵野の売上は7億円。赤字スレスレの会社でした。

しかし現在の売上は、75億円です。

増収増益を実現できたのも、「運転免許証があれば誰でもウエルカムのブラック企業」から、「就職企業人気ランキング」で7位（2023年度「業種別ランキング・その他サービス」／株式会社日本経済新聞社・株式会社マイナビが発表）に選ばれるホワイト企業に変われたのも、**「環境整備が会社と社員を変えた」**からです。

環境整備を定着させるための入門プログラムを提供

1年間の実地研修で、環境整備の全体像を学ぶ

武蔵野は、「環境整備を自社でもやってみたい」という中小企業に対して、「環境整備入門プログラム」を提供しています。

具体的なプログラムの内容は、**環境整備に関する計画立案と自社への導入・定着・強化**です。

月1回の環境整備点検には武蔵野の指導員が同行し、各社に合ったアドバイスや改善点の指導を行います。

【環境整備入門プログラム】

◉プログラム期間……1年間／第1講から第17講まで

・第1講

環境整備の目的とプログラムの内容を確認。

日程確認、など。

⬅

・第2講

組織プロフィールの確認（導入企業の現状把握）。

決起集会、など。

⬅

・第3講

キックオフ（実行開始前の打ち合わせ）。

環境整備に関する講義（経営計画書に明記されている「環境整備に関する方針」の整理整頓について解説）。

環境整備の実技（床の掃除、ガラス掃除、など）。

環境整備入門プログラム・第３講・実技の様子

半年間の実行計画を作成（部門ごとに、整理、整頓、清潔の実行計画を作成）。環境整備の実行計画をつくれるようになると、次の段階として、42ページで紹介した事業部ごと、部門ごとの実行計画がつくれるようになる。

⬇

・第4講〜第10講

物的環境整備（「物的」は、ものの環境整備のこと）。不要なものを捨て、必要なものを残す（整理）。必要なものの置き場所、置き方を明確にする（整頓）。

武蔵野の指導員が環境整備点検に同行。点検のしかた、「○」「×」の判断のしかた、改善のしかたなどを指導。

⬇

・第11講

半年間の振り返り。半年間の良かったこと・悪かったことを各部門が報告。

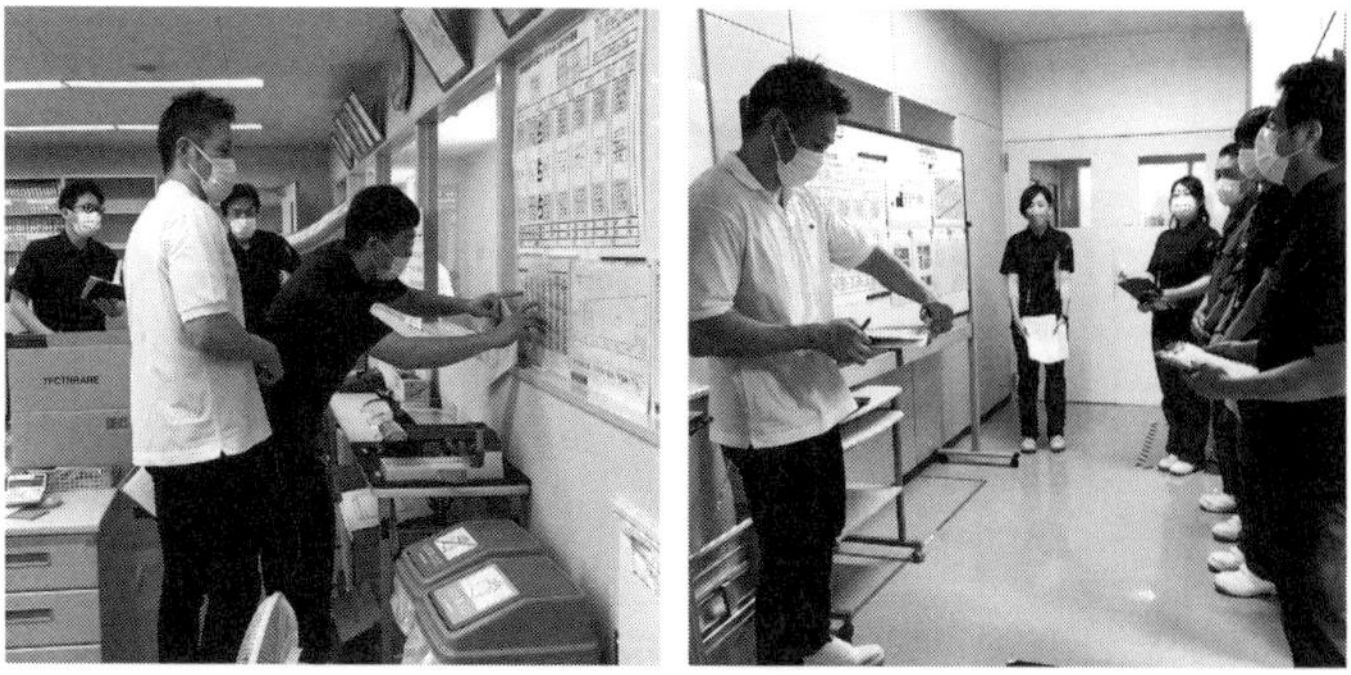

環境整備入門プログラム・第4講以降の様子。点検のしかたなどを指導

次の半年間の実行計画を作成。

・第12講～第17講 ⬅

武蔵野の指導員が環境整備点検に同行（半年間）。点検のしかた、「○」「×」の判断のしかた、改善のしかたなどを指導。

「環境整備の目的（なぜ不要なものを捨てるべきなのか、なぜ置き場所を揃える必要があるのか）を全従業員に理解していただく」

「環境整備を社内に根付かせるエキスパート（推進役）を育成する」

のが、このプロジェクトのゴールです。

従業員の「整理・整頓・清潔」に対する理解が進むと、それにともなって業務上の行動も変わるようになります。

ただし、環境整備の定着には時間がかかります。本プログラムの期間は1年間ですが、2年目以降もプログラムを継続する会社が多数です。

Photo Up 環境整備の実行計画書

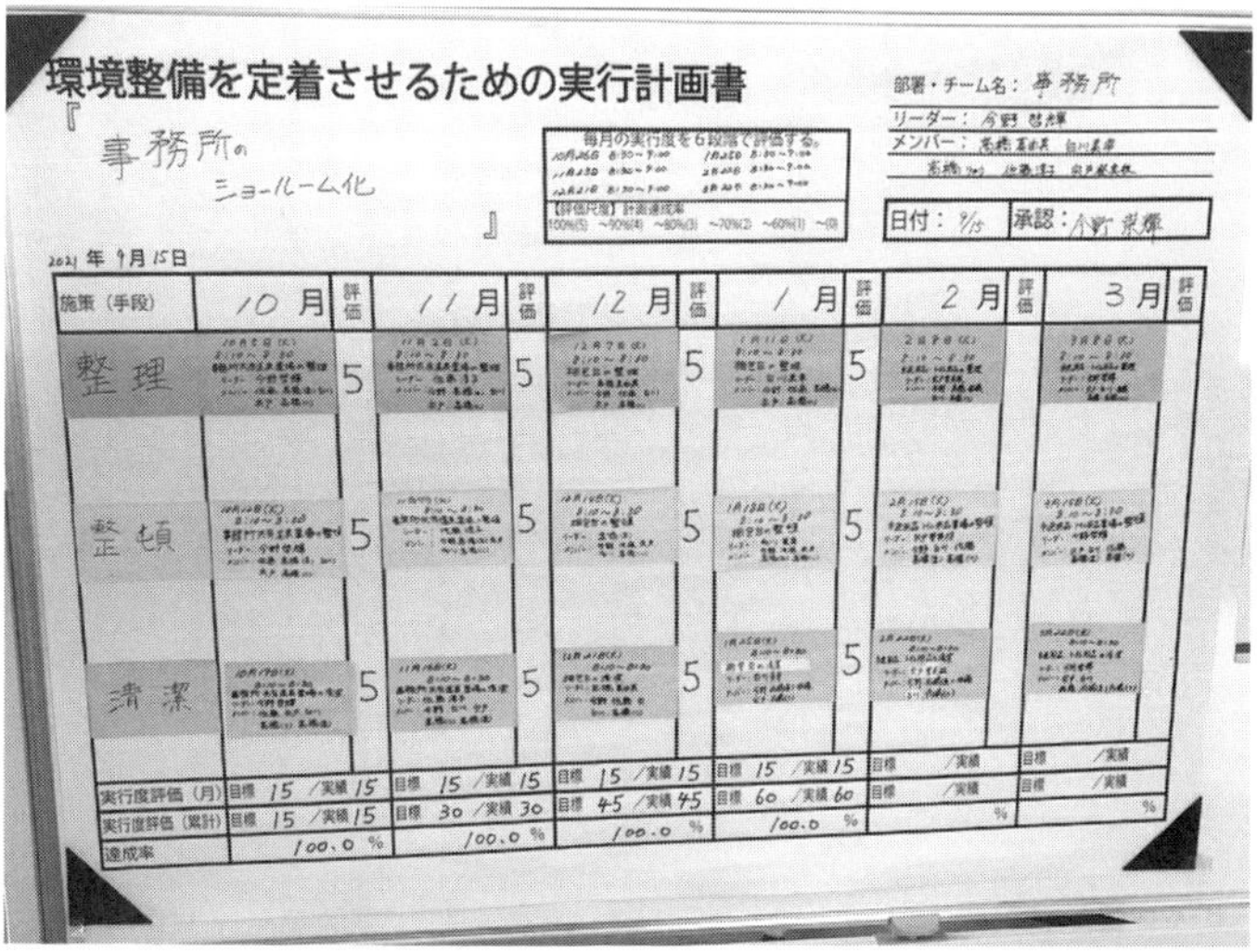

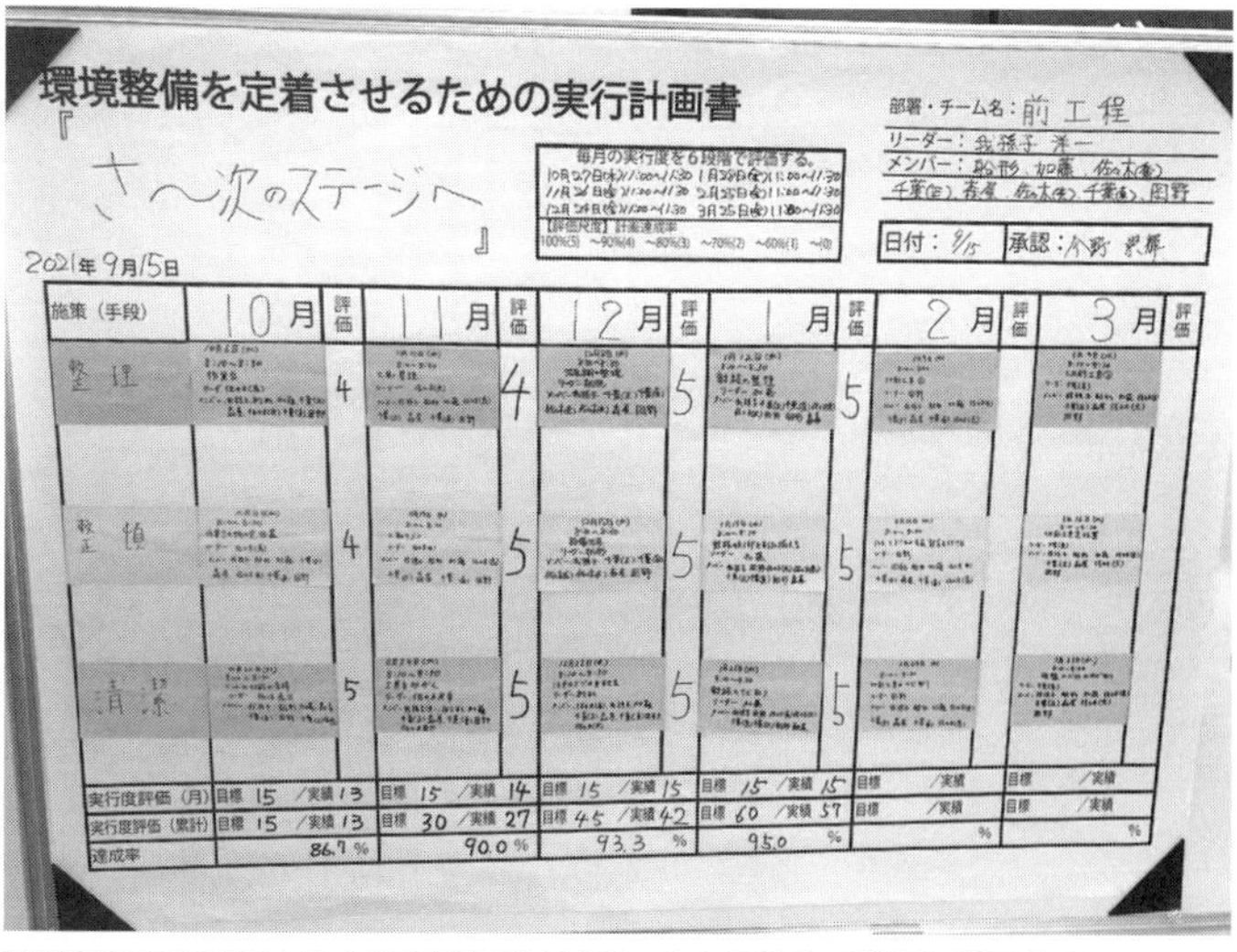

環境整備の定着に向けた実行計画書（上下）。6か月単位で詳細に計画する

環境整備入門プログラムを担当する内野伸一部長は、「企業の成熟度や教育水準の高さによっても変わりますが、早くて2年、多くの企業が3、4年」と話しています。

「環境整備をさらに深掘りして学ぶための『夢プログラム』も用意しています。このプログラムは『環境整備とは何か』『環境整備をどのように運用していけばいいのか』を深掘りするためのものです。経営者と幹部、計4名までを対象としています。入門プログラムを導入して環境整備の全体の流れをつかみ、その後、夢プログラムを導入することで、環境整備をしくみ化することが可能です」（内野伸一）

環境整備入門プログラムが終わっても、それはゴールではなく、次の改善へ向けたスタートです。

環境整備は、業種業界を問わず、会社を強くする

「みんなが同じようにできる」ことが企業では大切

環境整備を習慣化すると、社員はみな、「同じレベルのスキル」と「同じ考え」を持つようになります。それによって、「サービスの均一化」を図ることができます。

企業で大切なのは、社員でもパートでもアルバイトでも、就業形態を問わず、**「全員が同じサービスを提供できる」**ことです。

サービスの属人化《ぞくじんか》は、お客様の不満につながります。属人化とは、特定の担当者しかその業務を行えない状態のことです。

属人化を防いで、いつ、誰が、どのお客様に何を売ろうと、常に同じサービスを同じよ

うに提供する。これを徹底することが、お客様の信頼を揺るぎないものにします。

ここからは、武蔵野の環境整備を導入した企業の実例などを紹介します。

「EMPOWERMENT株式会社」（京都府京都市／平川接骨院・針灸治療院グループとして京都・大阪・滋賀に19店舗を展開）の平川憲秀社長も、「サービスの均一化」を図るために環境整備を導入。その効果を実感しています。

「環境整備導入前は『人に仕事が付いている状態』でした。『この先生は売上がいいけれど、あの先生は悪い』『この先生のサービスの質は高いけれど、あの先生は低い』『この店舗は清潔感があるけれど、あの店舗は汚れが目立つ』といったように、サービスも、店舗環境もバラバラでした。

環境整備に取り組むようになってからは、スタッフの間に、『揃える』という意識が育った気がします。個人の裁量に委ねるのではなく、仕事のやり方、考え方、取り組み方を揃え、ルールを決めたことで、マニュアルの整備、業務の平準化、スケジュール管理も進んでいます」（平川憲秀社長）

【平川憲秀社長が感じた環境整備導入後のおもな変化】

- 「決められたことを、決められたとおりにする」ための実行力がついた。
- 「あれもこれもやるのではなく、成果の出ることだけを、成果が出るやり方でやる」という考え方が身についた。
- サービスの平均化が図られ、施術者ひとり当たりの生産性が上がった。
- 「計画を立て、実行し、振り返り、改善する」というＰＤＣＡサイクルが回りはじめた。
- 「整理は捨てること、整頓は揃えること」といったように、スタッフが「共通言語」を持つようになったため、コミュニケーションが良くなった。

「やりたいこと」をやるのは、「やるべきこと」をやったあと

「有限会社二軒茶屋餅角屋本店」（三重県伊勢市／ビール類、生菓子、味噌、醤油など、食料品製造販売）の鈴木成宗社長は、環境整備を導入したことで、「『決められたことを決められたとおりにやる』ことの大切さを社員が認識するようになった」と話しています。

「当社は、『アメリカの会社ですか?』と言われるほど身なりが自由で、金髪もいれば茶髪もいます。

もともと社員を放牧、放し飼いしているような会社でしたが（笑）、環境整備を入れてからは、『決められたことはきちんとやる』『やりたいことより、やるべきことを優先する』社風に変わってきました」（鈴木成宗社長）

【鈴木成宗社長が感じた環境整備導入後のおもな変化】

- 組織力がアップ。それにともない売上も上がり、導入前比1・7倍に。
- 「やることをやると評価が上がる（やることをやらないと評価が下がる）」ことが明確になった。
- 社内が明るくなった。
- 環境整備がひとつの社内イベントになり、「いい点数を取ろう」という社員同士の団結力、一体感が増した。
- 環境整備点検を実施することで「気づかなかったことに気づける」ようになった。

・整理整頓を徹底することで、実務レベルでの改善が進んだ。

社長が決めたことは、すぐに行動に移す

「すぐやる」は、口でいうのは簡単ですが、なかなか実行できる人はいません。**新しいことをはじめると、必ず何か失うものがある**からです。人は案外保守的で、失うことにためらいがあります。

しかし、失うことを恐れていると、成長は望めません。

「株式会社高井製作所」（石川県野々市市／豆腐・油揚げを生産する機械の製造で世界トップシェア）の高井東一郎社長は、「2期連続の減収で組織の士気が低迷しつつある」ことを危惧《きぐ》し、その打開策として環境整備を取り入れました。

「『毎朝掃除をすることで本当に、組織力が強化されたり、業績が上がるのか？』と最初は半信半疑でしたが（笑）、導入後は、『社長から指示があれば、すぐに動ける組織』に変わ

ってきました。

面倒なことも、嫌なことも、やらなければ会社は変わらない。やらなければ個人の評価も変わらない。

社員がそのことを理解したことで、組織力が確実に上がったと思います。

社員は内心、『社長がやれと言ったら、絶対にやらなくちゃいけないのだから、さっさとやって、さっさと終わらせたほうがラク』と考えているのだと思います（笑）。それでも社長と社員の価値観が少しずつ揃いはじめたことで、『すぐに行動できる組織』になりつつあります」（高井東一郎社長）

【高井東一郎社長が感じた環境整備導入後のおもな変化】

- 「決められたことを、決められたとおりに行う」ことが当たり前の組織になった。
- すぐに行動に移せる組織に変わった。
- 損益分岐点が下がったので、設備投資や社員教育を行っても黒字を確保しやすい。
- チームワークの良い組織、風通しの良い組織に変わった。
- 「変化」を恐れなくなった。

- 社長と社員が一緒に勉強するようになり、価値観が揃いはじめた。
- 工場がショールーム化されたことで、「金融機関」「新規顧客」「就活生（新卒採用）」からの信頼が得やすくなった。

環境整備点検は、社長が現場を知るしくみ

「株式会社テイル」（京都府宇治市／お好み焼・鉄板焼「きん太」を25店舗展開）の金原章悦社長は、「赤字店舗をやめる（捨てる＝整理）」ことで、経営の立て直しに成功。黒字店舗のリニューアルをし、既存店の売上をさらに伸ばした結果、コロナ禍の2年間を除き、既存店の売上は、8年間、増収増益です。

きん太のスタッフは、お客様の注文を待つだけではありません。推奨販売をするように教育しています。

「生ビールのおかわりはいかがですか？」

「聖護院かぶらのもみじおろしぽん酢を使用した『栗豚と九条ねぎのお好み焼き』もおすすめです」

といったお声がけをして接客回数を増やし、季節限定メニューなどの推奨販売をすることで買上点数を上げることに成功しています。季節限定メニューは粗利益率を高く設定しているので、売上と粗利を増やすことが可能です。

金原社長は、「環境整備点検は、社長が現場を知るしくみ」であると認識しています。

「環境整備を導入していると、年に12回、社長が自分の目で各店舗を点検します。点検をすればその店舗の状態を推測できます。なぜ点数が下がったのか、なぜ点数が上がったのか、なぜいつも点数が悪いのか、なぜいつも点数がいいのか、その理由を明らかにして悪い面は改善、良い面は横展開する。そうすることで組織力が強化されます」（金原章悦社長）

【金原章悦社長が感じた環境整備導入後のおもな変化】

- 店舗（とくにバッグヤード）がキレイになった。
- 赤字店舗がなくなったことで、収益性が劇的に改善された。

- 社長と従業員が価値観を共有した結果、組織としての土壌づくりが進んだ（社長と従業員の価値観が揃っていないと、どのような施策も成功しない）。
- 「お客様目線」での改善が進むようになった。
- 社長が現場、現実を把握できるようになり、現場に即した決定を行えるようになった。

環境整備は、会社経営の「原点」である

「名古屋眼鏡株式会社」（愛知県名古屋市／眼鏡用品総合卸、オリジナル商品の開発）の小林成年社長は、ＢtoＢ向けウェブショップ（MEIGAN shop／眼鏡業界の卸売業としては日本初のウェブショップ。現在、全国の眼鏡店の45％が利用）を立ち上げたり、オリジナル商品の開発にも注力するなど、既存の卸問屋とは異なる経営スタイルで成長。業界水準を大きく上回る粗利益を上げています。

とはいえ、名古屋眼鏡も最初から堅調だったわけではありません。小林社長は、1999年、34歳のときに社長に就任。当時は残業も多く、雇用も安定せず、労働基準監督署の指導を受けたこともあります。

小林社長がパートナー会員になったのは、21年以上前です（当時はまだ、環境整備入門プログラムはありませんでした）。

「『環境整備は企業活動の原点である』という小山社長の考え方に共感し、『環境整備にこそ、経営を立て直すヒントがあるのではないか』と、見よう見まねで導入しました。

ものさえきちんと揃えられない会社に、ほかのことができるわけがない。掃除すらできない会社に一体感が出るわけがない。仕事の無駄を減らす活動として、環境整備はピッタリだと考えました。

当社のウェブショップが成功したのも、環境整備の成果です。整理整頓のできていない状態でウェブショップをはじめていたら、在庫が合わなくなるなどの不備に悩まされていたでしょう」（小林成年社長）

名古屋眼鏡が「環境整備入門プログラム」をはじめて受けたのは、今から5年前です。

「私が環境整備をはじめた頃は、まだプログラムはありませんでした。ですので、初心に戻って、環境整備の本質について学び直そうと思いました。

これがじつによかったです（笑）。

名古屋眼鏡の環境整備のレベルがどれくらいなのかを客観的に確認できたので、『やっているつもり』『わかったつもり』がなくなりました。全社員があらためて環境整備と向き合うことができたと思います。

情報の環境整備も進むようになって、ウェブショップの在庫管理も精度が上がっていますし、担当者の情報処理スピードも速くなっています。」（小林成年社長）

【小林成年社長が感じた環境整備導入後のおもな変化】

- 仕事の処理スピードが速くなった。
- ウェブシステムの構築、運用がスムーズになった。
- 在庫の無駄がなくなった。
- 改善活動が進むようになった。
- 社長が強く命じなくても、社員が自主的に環境整備に取り組むようになった。
- コスト削減が実現した。

環境整備を会社の文化にし、高収益体質の組織をつくる

ここまで、環境整備を導入した、さまざまな業種の企業の実例を紹介しました。

環境整備の目的は、**何があっても潰れない「高収益体質」の組織をつくる**ことです。

- 環境整備を行う。

↓

- 社長と社員の価値観が揃う。仕事の無駄がなくなる。社長の決定がすぐに現場に反映される。現場の改善が進む。

↓

- 損益分岐点が下がる。

↓

- 生産性が上がる。

↓

- 高収益体質の組織ができる。

環境整備に「終わり」はありません。

もの、人、情報の整理と整頓を徹底し、チェックし、改善を続ける。

環境整備を「会社の文化」として位置付けて、「やるのが当たり前」にすることが大切です。

小山 昇（こやま のぼる）
1948年山梨県生まれ。東京経済大学を卒業し、日本サービスマーチャンダイザー株式会社（現在の株式会社武蔵野）に入社。一時期、独立して自身の会社を経営していたが、1987年に株式会社武蔵野に復帰。1989年より社長に就任して現在に至る。2001年から中小企業の経営者を対象とした経営コンサルティング「経営サポート事業」を展開。750社以上の会員企業を指導している他、「実践経営塾」「実践幹部塾」「経営計画書セミナー」など、全国各地で年間240回の講演・セミナーを開いている。
1999年度「電子メッセージング協議会会長賞」、2001年度「経済産業大臣賞」、2004年度、経済産業省が推進する「IT経営百選最優秀賞」をそれぞれ受賞。2000年、2010年には「日本経営品質賞」を受賞している。
主な著書に『人材戦略がすべてを解決する』『新版 経営計画は１冊の手帳にまとめなさい』『99％の社長が知らない 会社の数字の使い方』（以上、KADOKAWA）、『４万人の社長・幹部がベンチマークした すごい会社の裏側（バックヤード）！』（あさ出版）、『儲かる会社のコミュニケーションの鉄則』（朝日新聞出版）などがある。

会社《かいしゃ》を絶対《ぜったい》潰《つぶ》さない　組織《そしき》の強化書《きょうかしょ》

2023年1月20日　初版発行

著者／小山《こやま》 昇《のぼる》

発行者／山下 直久

発行／株式会社KADOKAWA
〒102-8177　東京都千代田区富士見2-13-3
電話 0570-002-301（ナビダイヤル）

印刷所／文唱堂印刷株式会社

●お問い合わせ
https://www.kadokawa.co.jp/（「お問い合わせ」へお進みください）
※内容によっては、お答えできない場合があります。
※サポートは日本国内のみとさせていただきます。
※Japanese text only

定価はカバーに表示してあります。

ISBN 978-4-04-605753-2　C0034